MIRAI + FENJA MENS

Lass mal bloggen!

Der Ratgeber von Buchbloggerin lesehexemimi

MIRAI & FENJA MENS

LASS mal BLOGGEN!

DER Ratgeber VON Buchbloggerin LESEHEXEMIMI

mit Illustrationen von
LAURA ROSENDORFER

Originalausgabe

Mirai & Fenja Mens werden vertreten durch die Literaturagentur Kossack.
Laura Rosendorfer wird vertreten von der Agentur Christine Härle.

Copyright © 2023 by Bastei Lübbe AG,
Schanzenstraße 6 – 20, 51063 Köln

Umschlaggestaltung: Laura Rosendorfer
Umschlagmotiv: Laura Rosendorfer
Umschlagfotos: © Gamze Vural
Satz: Laura Rosendorfer
Gesetzt aus der Dolly Pro und Dreaming Outloud
Druck und Einband: DRUK-INTRO SA

Printed in Poland
ISBN 978-3-8466-0191-4

5   4   3   2   1

Sie finden uns im Internet unter one-verlag.de
Bitte beachten Sie auch luebbe.de

Für *Juna* und RÜDIGER

Für die (vor)lesebegeisterten Großmütter
LISA und *Rotraud*

Für die *Hamburger* BIBLIOTHEKARIN

Und für ALLE, die sich gerne in Geschichten verlieren
und sich dabei manchmal Gesellschaft wünschen

Love TO *all* OF *you* 😊

INHALT

LET'S GET *started* S. 8

Hier erfährst du, worum es in diesem Buch geht
und warum ich es geschrieben habe.

• • •

1. BOOKS *and* ME S. 16

In diesem Kapitel verrate ich dir, wie ich zum Lesen
und Bloggen gekommen bin.

• • •

2. WIE DU DIR DEINEN *eigenen*
Blog ERSTELLST S. 38

Hier findest du Tipps rund ums Bloggen.

• • •

3. BÜCHER *für* DICH! S. 64

In diesem Kapitel verstecken sich jede Menge Ideen,
wie du an frischen Lesestoff kommst.

• • •

4. ANDERE *Bookies* FINDEN UND
DICH VERNETZEN S. 88

Hier steht, wie du deine Leidenschaft
mit anderen teilen kannst.

5. HOW TO *Book*STAGRAM S.108

In diesem Kapitel liest du, was es mit Bookstagram auf sich hat – und wie du ein Teil davon wirst!

• • •

6. BÜCHER*liebe* BEI BOOKTOK, BOOKTUBE UND IN *Podcasts* S.172

Hier geht es darum, wie du deine Bücherliebe außerdem noch feiern und mit anderen teilen kannst.

Interview mit BookTokerin Saskia S.173

Interview mit BookTuber Tom S.178

Interview mit Podcasterin Luna S.182

• • •

7. SELF*care* & SELF*love* S.194

In diesem Kapitel gehe ich der Frage nach, wie die sozialen Medien uns beeinflussen, und gebe ein paar generelle Tipps zum Thema Selflove & Selfcare.

• • •

8. USE *your* VOICE S.224

Hier erfährst du, wie du deine Reichweite für wichtige Themen einsetzen kannst – und warum das gut ist.

• • •

GLOSSAR S.243

• • •

DANKE S.254

LET'S GET started!

HIER ERFÄHRST DU, *worum* ES
IN DIESEM *Buch* GEHT UND *warum*
ICH ES GESCHRIEBEN HABE.

Hey Leute, ich heiße Mirai – und ich liiiiiieebe Bücher!

Warum ich das Lesen so mag? Weil es uns möglich macht, zu reisen: in andere Länder, andere Zeiten, andere Welten. Außerdem können wir das Leben durch die Augen anderer Menschen betrachten und aus dem, was sie erleben, Anregungen und Ideen mitnehmen, oder uns in ihnen wiederfinden und uns verstanden fühlen. Gute Geschichten bringen mich zum Lachen, zum Weinen – und manchmal zu beidem zusammen. Darum kann ich mir ein Leben ohne Bücher nicht vorstellen!

Geht es dir genauso? Dann ist dieser Ratgeber genau richtig für dich!

Schon als ich ganz klein war, habe ich stundenlang Bücher angeguckt (wie alles anfing: Seite 16), später dann selbst gelesen – und bereits in der Grundschule hatte ich den Ruf weg, alle mit meinen Buchtipps vollzulabern. Mit elfeinhalb Jahren habe ich meinen Buchblog *Lass mal lesen!* gestartet, und kurz danach ging auch mein Instagram-*Account* *@lesehexemimi* online. Auf beiden stelle ich Bücher vor, führe Interviews mit Autor*innen und berichte über Ereignisse aus der Buchwelt. Warum? Weil ich es einfach liebe, andere für das Lesen zu begeistern und mich mit ihnen darüber auszutauschen.

> *Wörter*, die kursiv und in Rot gedruckt sind, erkläre ich im Glossar. Dort findest du auch Begriffe aus der Verlags- und/oder Bookstagramwelt, die du als Bookie unbedingt kennen solltest. 😊

Und nun hältst du mein erstes eigenes Buch in den Händen. Ich bin schon ein bisschen aufgeregt und hoffe, dass es dir gefällt und weiterhilft. In »Lass mal bloggen!« erfährst du nicht nur, wie ich selbst zum Lesen und *Bloggen* gekommen bin, sondern auch, wie DU dir deinen eigenen Buchblog erstellen, ihn mit Inhalten füllen und damit online gehen kannst. Daneben stelle ich dir *Bookstagram* vor und zeige dir, wie du dir deinen eigenen Account einrichten und Teil

dieser megacoolen Community werden kannst. Außerdem verrate ich dir ein paar meiner Tricks (aber pssst!).

Neben Bookstagram gibt es auch viele andere Möglichkeiten, über Bücher zu schreiben, zu reden oder zu posten und andere *Bookies* kennenzulernen, zum Beispiel bei *BookTok*, *BookTube* oder in *Podcasts*, in *Buchclubs* oder auf Online-Plattformen wie *Vorablesen.de*. Auch dazu findest du in diesem Buch Tipps und Informationen. Und ich zeige dir, wie du deine Reichweite für weitere The-men nutzen kannst, die dir wichtig sind (ab Seite 224). Außerdem bekommst du von mir viele Tipps, wie du an Lese-stoff gelangst, schließlich kann man ja nicht genug Bücher haben, oder? Zudem sind sie die Basis ist für die *Rezensionen*, Fotos und Videos auf deinen künftigen Kanälen (siehe Kapitel 3).

Und allen, die gerne lesen, sich damit aber alleine fühlen, möchte ich sagen: Hey, es gibt noch viele andere Leute, die Bücher genauso lieben wie du! Sie gehen vielleicht nicht in deine Klasse oder Schule, sie wohnen vielleicht in einem anderen Bundesland, in Österreich oder ganz woanders. Aber das ist egal, denn über das Internet könnt ihr euch genauso gut über Bücher austauschen! Ich habe über Bookstagram super viele nette Leute kennengelernt: Sie leben in Flensburg und Wien, Den Haag oder Köln, München, Hamburg – und ja, auch in Berlin, wo ich wohne. So wird das bei dir auch sein: Wenn du mit dem Bloggen und mit Bookstagram anfängst, wirst auch du viele Bookies kennenlernen. Du wirst Freundschaften schließen, dich mit Autor*innen über ihre Bücher unterhalten (wie und wo, verrate ich dir später) und sehr viele Informationen darüber bekommen, welche Bücher wann und wo erscheinen – und wie du manche schon vorab lesen kannst. Kurz: Du wirst buchiges Insiderwissen haben und viele tolle und inspirierende Menschen kennenlernen! (Dazu willst du gleich mehr wissen? Dann guck z. B. mal auf die Seiten 64 und 88.)

Moment mal, du findest Lesen blöd? Ich würde sagen, vielleicht hast du einfach noch nicht den richtigen Lesestoff für dich gefunden 😊. Vielleicht interessiert dich auch etwas ganz anderes? Dann hilft dir dieses Buch hoffentlich ebenso weiter. Denn natürlich kannst du dir für deinen *Blog* auch ein anderes Thema suchen. Egal, worum es dir geht: Durch Bloggen, Instagram und andere *soziale Medien* kannst du dich zu Themen öffentlich äußern, dich mit anderen zusammenschließen und etwas bewirken! YES!!! Welche das bei mir sind und wie ich sie in meinen Beiträgen umsetze, liest du in Kapitel 8.

Du hast schon einen Blog oder einen Bookstagram-Account und möchtest dich verbessern oder mehr Menschen erreichen? Dann findest du hier hoffentlich auch einige nützliche Tipps, die dir in Zukunft weiterhelfen. In erster Linie richtet sich dieses Buch allerdings an Einsteiger*innen, nicht an Pros 😉.

Und falls du dich wunderst, warum auf dem Cover zwei Namen stehen: Meine Ma Fenja gibt an der einen oder anderen Stelle auch ihren Senf dazu. In Form von Anekdoten und mit ihrem Elternblick auf das Bloggen und *Social Media*, denn dieses Buch ist nicht nur für Jugendliche gedacht, sondern auch für Eltern, Lehrkräfte, Buchhändler*innen, Bibliothekar*innen und alle, die Lust haben, sich mit den Themen Buchbloggen und Bookstagram zu beschäftigen.

Ganz wichtig: Beim Bloggen (und überhaupt bei allem, was du machst) sollte natürlich der Spaß im Vordergrund stehen! Falls du dich doch mal gestresst fühlst, findest du in Kapitel 7 ein paar meiner besten Tipps zum Thema Selfcare 😊. Außerdem gibt es einige interaktive Elemente, wie zum Beispiel Aktionstipps, Eintragseiten, Selbsttests, Rezepte und Raum für Notizen. So kannst du das Buch zu deinem ganz eigenen »Workbook« machen – und hast mich dabei stets an deiner Seite 😊.

UND NUN: *Viel Spaß!*

MiRAi

BLOG: *lass-mal-lesen.blog*
(online seit dem 22. März 2018)
INSTAGRAM: *@lesehexemimi*
(online seit dem 7. April 2018)

GEBURTSJAHR: 2006
GEBURTSORT: Berlin
SCHULE: 12. Klasse

ICH *lese* GERNE: realistische Jugendbücher mit starken Protagonist*innen zu aktuellen Themen wie Feminismus, Rassismus, Queerness oder Klimaschutz; außerdem Liebesgeschichten, Krimis, Fantasy (insbesondere solche, in denen Gottheiten der Antike eine Rolle spielen) und manchmal auch gerne ein schönes Kinderbuch

WENN ICH NICHT *gerade* LESE, DANN *findet* IHR *mich* BEIM: Schreiben, Fotografieren, Chillen mit Freund*innen, Workout, Lernen, Musikhören, Schwimmtraining, Netflix gucken oder auf einer Rettungsstation der DLRG an einem Berliner Badesee

FENJA

INSTAGRAM: @fenja_mens
GEBURTSJAHR: 1974
GEBURTSORT: Hamburg

BERUF: Redakteurin bei einer großen Kommunikations-agentur. Vorher habe ich lange als Journalistin für verschiedene überregionale Medien gearbeitet, insbesondere zu Bildungsthemen.

ICH LESE gerne: Zeitungen und Zeitschriften, historische Romane, feministische Bücher, queere Geschichten, Sachbücher zu aktuellen Themen und zwischendurch auch mal ein Jugendbuch

Wenn ICH NICHT GERADE lese, DANN FINDET IHR mich BEI: meiner Arbeit (viel zu oft, auch wenn sie Spaß macht), meiner Familie, beim Sport, Kochen, Fotografieren oder im Austausch mit Freund*innen

1. BOOKS and ME

Bei manchen Leuten hat die Buchbegeisterung an einem ganz bestimmten Punkt angefangen. Vielleicht haben sie im Urlaub begonnen, zu lesen, weil ihnen langweilig war. Und daran können sie sich auch später noch ganz genau erinnern. In meinem Leben haben Bücher schon immer eine große Rolle gespielt. Das hatte am Anfang natürlich vor allem mit meinen Eltern zu tun. Schon als ich klein war, haben sie mir oft vorgelesen. Zum Einschlafen, in Zügen, Restaurants oder einfach so zwischendurch. Daran kann ich mich nicht mehr so gut erinnern, aber meine Ma hat dazu etwas aufgeschrieben:

Als Mirai auf die Welt kam, waren sie in unserem Haushalt schon reichlich vorhanden: BÜCHER! Mirais Papa und ich lieben das Lesen, und so standen in unserem damaligen Wohnzimmer in Berlin-Friedrichshagen SEHR viele Regale voller Bücher. Ein eigenes Zimmer hatte Mirai noch nicht: Wir richteten ihr eine Spielecke ein, und bis zu unserem Umzug zwei Jahre später standen Mirais Sachen auf den unteren Regalböden – die Bücher hatten wir einfach ein bisschen nach hinten geschoben –, und auch uns Eltern sah sie oft lesend irgendwo sitzen.

Als Mirai etwa sechs oder sieben Monate alt war, begannen wir, Bilderbücher mit ihr anzugucken. Die ersten bekamen wir von der Verwandtschaft geschenkt, die ähnlich bücherverrückt ist wie wir – und bald besaßen wir eine große Babybuch-Bibliothek.

Mirai begann sehr früh zu sprechen, dafür ließ sie sich mit dem Laufen Zeit und entwickelte stattdessen eine ganz besondere Art der Fortbewegung: Sie rutschte auf dem Po über das Parkett. Damit war sie erstaunlich schnell und konnte außerdem in beiden Händchen Dinge transportieren. Sehr praktisch! Einmal war meine Mutter zu Besuch, und wir sprachen darüber, zum See zu gehen und die Enten zu füttern. Daraufhin rutschte Mirai aus dem Raum und kehrte wenig später mit einem Bilderbuch zurück. Sie blätterte aufgeregt durch die Seiten, bis sie gefunden hatte, was sie suchte - eine gezeichnete Ente -, strahlte uns an und rief: »Da!«

Auch als Mirai größer wurde, haben wir mit ihr Bücher angeguckt. Als sie vier war, liebte sie die »Wieso? Weshalb? Warum?«-Reihe und wollte immer alle kleinen Texte hinter den vielen Klappen vorgelesen bekommen. Bei manchen sehr technischen Büchern versuchte ich davonzukommen, indem ich manche Klappen einfach »übersah«. Doch Mirai erwischte mich jedes Mal und bestand darauf, dass ich auch diese Texte vorlas. Waren die Großmütter Lisa und Rotraud zu Besuch, wurden auch sie zum Vorlesen eingespannt. Beide freuten sich darüber und lasen alle Bücher vor, die Mirai ihnen brachte.

Wenn niemand Zeit hatte, schaute Mirai sie sich alleine an – oft auch mal ein oder zwei Stunden am Stück. Mit fünf Jahren konnte sie erste Buchstaben erkennen und las nach und nach beim Vorlesen immer mehr mit. Erst einzelne Buchstaben, dann Wörter, dann ganze Sätze. Und irgendwann kam der Tag, als Mirai mir mitteilte, dass sie auf das Vorlesen verzichten könne. »Das ist zwar immer schön, Mama«, sagte sie. »Aber wenn ich alleine lese, bin ich einfach schneller.« Da war sie gerade mal sieben Jahre alt – und ich musste schon schlucken, denn es war ein Abschied von einem lieb gewonnenen Ritual, und mir war plötzlich sehr bewusst, dass bis zum Erwachsenwerden noch viele solcher kleinen Abschiede kommen würden.

Noch ein Wort zum Thema Bücher beschaffen: Wenn Mirai sich für ein Buch interessierte oder eine Reihe las, die ihr gefiel, haben wir immer alles darangesetzt, ihr dieses Buch oder den nächsten

Band zu besorgen. Es ist mir bis heute ein Rätsel, wieso manche Eltern ihre Kinder dazu auffordern, sich Bücher vom eigenen Taschengeld zu kaufen, statt ihre Leselust zu fördern. Natürlich spielt Geld dabei eine Rolle, nicht jede*r kann ständig neue Bücher kaufen. Und auch wir kamen an unsere Grenzen, denn bald las Mirai mehr als 100 Seiten pro Stunde. Darum gingen wir dazu über, die meisten Bücher auszuleihen oder gebraucht zu kaufen.

2012

Eines Tages kam endlich meine Einschulung. Ja, endlich, denn damals habe ich mich tatsächlich noch auf die Schule gefreut, haha! Meine Eltern hatten meine Schultüte selbst gebastelt und sie mit Figuren aus Büchern beklebt, die ich damals liebte, wie das Sams und Pippi Langstrumpf und vor allem Drache Kokosnuss und Stachelschwein Mathilda. Nach ein paar Wochen in der ersten Klasse fing ich an, Bücher selbst zu lesen, und in der zweiten Klasse ging meine Lesesucht dann so richtig los: Ich habe alle Bücher verschlungen, die ich fand und die mich interessierten. Ich las quasi die ganze Zeit. Morgens nach dem Aufstehen, auf dem Schulweg, in den Pausen und im Unterricht, auf dem Rückweg und zu Hause. Im Stehen, Liegen, Sitzen und sogar im Gehen. Gerne

2014

habe ich auch meiner kleinen Schwester vorgelesen. Eine Buchhändlerin meinte mal, Lesen sei für mich wie Atmen. Und damit hatte sie irgendwie recht. Heute lese ich auch noch super gerne, aber es sind mehr Phasen, in denen mich die Lesesucht überkommt. Und in anderen Zeiten lese ich nur abends, bevor ich schlafe.

Ich kann gar nicht sagen, wie dankbar ich meinen Eltern für ihre Unterstützung bin. Beide haben mich beim Lesen immer supportet (und tun es noch). Außerdem fuhr meine Ma 2014 zum ersten Mal mit mir zur Leipziger *Buchmesse* (LBM), wo es immer ein tolles Programm für Kinder und Jugendliche gibt. Weil es uns so gut gefiel, kamen wir auch die nächsten fünf Jahre wieder.

Der Support meiner Eltern ist ein echtes Privileg – das ist mir bewusst! Viele Kinder und Jugendliche kommen leider erst in der Schule so richtig mit Büchern in Berührung, und oft sind diese Geschichten langweilig und veraltet. Dabei gibt es so viele

Auf der LBM 2016

coole und spannende *Kinder-* und *Jugendbücher* zu wichtigen aktuellen Themen! Ich wünsche mir, dass Lehrkräfte mehr darauf achten, zeitgemäße Bücher auszuwählen, die auch gut lesbar sind. Schule hat die Chance, Kinder und Jugendliche für das Lesen zu begeistern – mit den richtigen Büchern!

AktionsTIPP:

Wie war das bei dir? Wann hast du angefangen zu lesen? Gibt es buchbegeisterte Menschen in deinem Leben, die dich gefördert haben? Vielleicht hast du Lust, mal mit ihnen darüber zu sprechen und dich vielleicht auch zu bedanken. Und: Welches Buch würdest du gerne mal in der Schule lesen? Wenn dir gute Bücher einfallen, frag deine Lehrkräfte, ob du sie ihnen mal zeigen darfst.

Notizen

Als ich sieben Jahre alt war, fuhr ich nicht nur zum ersten Mal zur LBM, sondern schrieb auch meine erste *Rezension*. Und das kam so: In unserer Straße gab es eine Filiale der Berliner Buchhandelskette Buchbox. Meine Mutter und ich waren ständig in diesem Laden, und

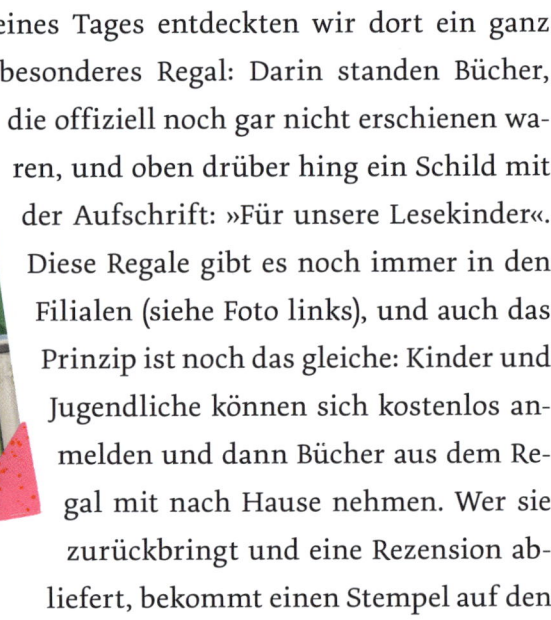

eines Tages entdeckten wir dort ein ganz besonderes Regal: Darin standen Bücher, die offiziell noch gar nicht erschienen waren, und oben drüber hing ein Schild mit der Aufschrift: »Für unsere Lesekinder«. Diese Regale gibt es noch immer in den Filialen (siehe Foto links), und auch das Prinzip ist noch das gleiche: Kinder und Jugendliche können sich kostenlos anmelden und dann Bücher aus dem Regal mit nach Hause nehmen. Wer sie zurückbringt und eine Rezension abliefert, bekommt einen Stempel auf den Lesekind-Ausweis; für einen vollen Ausweis gibt es eine Freikarte für eine *Lesung*. Die Rezensionen veröffentlicht die Buchbox auf ihrer Webseite, *Buchboxberlin.de*.

Ich wollte sofort mitmachen und überlegte mir zusammen mit meinen Eltern den Namen *Lesehexemimi*, weil sie damals nicht wollten, dass die Beiträge unter meinem echten Namen erschienen. Lesehexe, weil ich das Lesen liebte und gleichzeitig ein riesiger Fan von Hexen, Vampiren und anderen gruseligen Wesen war. Und Mimi, weil meine kleine Schwester mich damals so nannte.

Wenig später verfasste ich dann auch Rezis für den Kinderbuchladen Buchsegler. Wiebke, die Inhaberin, hatte dafür spezielle Formulare und hängte die ausgefüllten Blätter in ihrem Geschäft auf. Ich schrieb nur ungern mit der Hand und weiß noch, dass das für mich echt eine Qual war – aber ich wollte super gerne die Bücher lesen, darum habe ich es gemacht. Und dann wurde ich auch noch Lesereporterin bei Bastei Lübbe, dem Verlag, zu dem neben ONE auch das Kinderbuch-*Imprint* Baumhaus gehört. Die netten Leute dort schickten mir meine Wunschbücher direkt nach Hause. Meine Rezensionen erschienen auf der Webseite des Verlags, und die Bücher durfte ich behalten, was ich besonders cool fand.

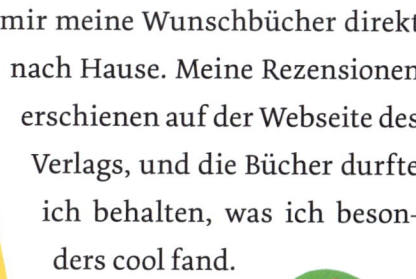

Lustigerweise war es auch der Bastei-Lübbe-Verlag, der mich etwa vier Jahre später zum Bloggen brachte – und bei dem ich jetzt, weitere fünfeinhalb Jahre später, dieses Buch veröffentlicht habe. Auf der Leipziger Buchmesse 2018 traf ich mich wie immer mit der Frau, die beim Verlag für die Lesereporter*innen zuständig war. Kaum angekommen, fragte sie mich, ob ich vielleicht Lust hätte, am nächsten Tag ein Interview mit der Bestseller-Autorin Sabine Städing zu machen. Ich war von Sabines »Petronella Apfelmus«- Reihe total begeistert, genauso wie von ihren »Jonny Sinclair«- und »Magnolia Steel«- Büchern, deshalb sagte ich sofort zu. Tja, und so kam mein erstes Interview zustande.

Das Gespräch fand wie verabredet am Tag darauf am Verlagsstand statt. Sabine und ich saßen gemütlich zusammen, knabberten Kekse und quatschten – da wurden wir plötzlich freundlich, aber bestimmt von unserem Tisch vertrieben, weil dort ein Blogger*innentreffen stattfinden sollte! Ich konnte mir darunter nichts vorstellen und war ziemlich überrascht und beeindruckt, dass dieses Meeting offensichtlich so wichtig war, dass dafür eine Bestseller-Autorin verscheucht wurde. Die Goodies, Cupcakes und Süßigkeiten, die für das Treffen herausgeholt und auf den Tischen verteilt wurden, waren natürlich auch ein Grund für mein Interesse, hehe 😊. Am gleichen Tag hatte ich am Stand von Arena zum ersten Mal einen Blogger gesehen (siehe dazu den Zwischenruf meiner Ma auf Seite 26). Das war nun also das zweite Mal, dass es um Blogger*innen ging. Meine Neugierde wurde immer größer!

Nach dem Interview entdeckte ich auf dem Messeplan die Blogger*innenlounge. Wir gingen dorthin, und ich kam mit einer Frau ins Gespräch. Sie war sehr nett und erklärte mir, was sie als Buchbloggerin so macht: Rezensionen schreiben, Interviews führen – und das dann auf ihrem Blog veröffentlichen. Das war für mich ein totales Aha-Erlebnis und einer der Auslöser für meinen Wunsch nach einem eigenen Buchblog. Schließlich hatte ich bereits einen ganzen Vorrat von Rezensionen durch meine Arbeit für Buchbox, Buchsegler und Bastei Lübbe. Und ein erstes Interview hatte ich nun ja auch schon geführt!

Jetzt musste ich mir nur noch einen Namen überlegen und den Blog erstellen. Die Idee für den Namen kam mir, als meine Mutter und ich nach unserem Messebesuch im Pressezentrum[1] saßen. Mein Blog sollte sich an Kinder und Jugendliche richten, ich brauchte also einen Namen, der zu dieser Zielgruppe passt – so kam ich auf *Lass mal lesen!*. Auf der Rückfahrt hatte ich nur noch ein Thema: Meinen Buchblog! Und meine Ma fand die Idee auch richtig gut!

---

1) *Da meine Mutter als Journalistin einen Presseausweis hat, durfte sie da rein und mich mitnehmen.*

Wenn ich daran denke, wie mit Mirais Blog alles angefangen hat, fällt mir sofort diese eine Situation ein:

März 2018, Leipziger Buchmesse. Die Lesung von Anna Ruhe ist gerade vorbei, wir stehen vor einem Tisch neben der Bühne. Hier wird die Autorin gleich ihr Buch *signieren*. Mirai hat – wie jedes Jahr – ein Heft dabei. Da lässt sie Autor*innen hineinschreiben und bittet Illustrator*innen um kleine Zeichnungen. Zuhause klebt sie Erinnerungsstücke dazu, zum Beispiel Postkarten, Flyer oder Fotos. Und für letztere bin ich zuständig. Auch von Anna Ruhe möchte Mirai eine Unterschrift in ihr Heft - und ein gemeinsames Foto! Hinter uns in der Schlange: viele

Mädchen, einige Jungen, Eltern mit Handys und dem gleichen Plan. Vor uns: ein Mittzwanziger mit Brille, Bart und Basecap. Allein. Aber nicht lange, denn als er dran ist und Anna Ruhe sein Buch entgegenstreckt, schießt plötzlich eine Frau von der Seite heran. Um ihren Hals baumelt der offizielle Ausweis der Aussteller*innen, sie arbeitet anscheinend für den Arena-Verlag. »Hey Benni!«, ruft die Frau. »Wie schön, dass du da bist! Dürfen wir ein Foto von dir und Anna machen?« Der Mann lacht, schiebt das Cap zurecht und legt seinen Arm um die Schulter der Autorin, die inzwischen aufgesprungen ist. Während die beiden neben dem Tisch posieren, blicken Mirai und ich uns an. Wie jetzt? Der Verlag bittet einen Messebesucher um ein Foto mit einer Autorin? Sonst ist das doch immer andersherum? Später erfahren wir, dass der Mann nicht irgendein Besucher ist, sondern der bekannte Buchblogger Benni Cullen. »Scheinen ja wichtig zu sein, diese Leute«, überlegt Mirai laut. Ich nicke. Es ist nicht das letzte Mal an diesem Tag, dass uns das Thema Buchblog begegnet – und natürlich ahnen wir nicht, dass es uns für die nächsten Jahre begleiten und Mirais Leben in vielerlei Hinsicht verändern wird ...

Wenige Wochen später begannen die Osterferien. Mir war ziemlich langweilig, weil der Kunstkurs, den ich machen wollte, ausfiel. Stattdessen erstellte ich meinen Blog. Ich hatte nicht wirklich Ahnung davon, aber mit der Webseite, die mir die Bloggerin empfohlen hatte, ging es ganz leicht. Ich fotografierte verschiedene Bücher und stellte die Fotos gemeinsam mit einigen meiner Rezensionen ein, die ich schon geschrieben hatte. Das Interview mit Sabine Städing tippte ich ab, und meine Ma zeigte mir, wie man es so aufbereitet, dass es gut

Mit Sabine Städing

lesbar ist (mehr dazu in Kapitel 2). Zum Glück gab es auch ein Foto von Sabine und mir! Am 22. März 2018 ging *Lass mal lesen!* online, und ich war mit elfeinhalb Jahren eine der jüngsten Buchbloggerinnen im deutschsprachigen Raum. Ungefähr zwei Wochen später kam dann mein Instagram-Account *@lesehexemimi* dazu.

In den Monaten nach dem Start meines Blogs konnte ich gleich noch mehrere Interviews führen: So traf ich mich mit Anna Ruhe (»Die Duftapotheke«), mit Tanya Stewner (»Alea Aquarius«) und mit Kirsten Boie (»Sommerby«). Bis zum Ausbruch der Pandemie kamen dann noch Jochen Till (»Luzifer Junior«), Katja Brandis (»Woodwalkers«), Andreas Eschbach, Tania Witte, Margit Auer und viele andere dazu. Ich hatte immer großen Spaß dabei, mich mit den Autor*innen zu unterhalten. Sie waren alle total nett, und wir haben viel gelacht.

EIN PAAR SITUATIONEN, DIE MIR *besonders* GUT IN *Erinnerung* GEBLIEBEN SIND:

Mit Katja Brandis saß ich auf der Frankfurter Buchmesse 2018 für unser Interview in einer kleinen Kabine. Sie bewunderte meinen Namen, überlegte kurz, eine »Mirai« in ihr nächstes Buch einzubauen, und fragte mich, ob ich ihren neuen Fantasyroman »Khyona« *testlesen* wolle.

Gemeinsam mit dem (vor allem für seine Bücher für Erwachsene) bekannten Autor Andreas Eschbach futterte ich alle Süßigkeiten auf, die wir am Stand des Arena-Verlags auf der Leipziger Buchmesse 2019 finden konnten. Kirsten Boie traf ich im Juni 2018 auf einem Hamburger Lesefest. Wir redeten eine Stunde, dann verschwand sie für eine Lesung. Anschließend kam sie zu mir zurück und nahm sich eine weitere Stunde Zeit, um das Interview fertigzustellen. Das fand ich echt meganett! Außerdem bot sie mir das »Du« an, und wir trafen uns seitdem noch ein paarmal auf den Messen. Anna Ruhe durfte ich in ihrem Büro in Berlin-Friedenau besuchen, wo ein lebensgroßer Luke Skywalker aus Pappe steht und ihr beim Schreiben zuschaut.

Mit Anna Ruhe und Luke Skywalker

Mit Tania Witte quatschte ich fast vier Stunden lang in einem Café über ihr Buch »Die Stille zwischen den Sekunden« und vieles mehr. Leider stellte sich später heraus, dass mein Handy das Gespräch nicht gespeichert hatte. Tania nahm dann netterweise ALLE Antworten noch mal als Sprachmemos auf und schickte sie mir. Seitdem sind wir befreundet 😊. Die Illustratorin Claudia Carls war mit ihren wunderschönen Covern und Illustrationen bereits am Erfolg vieler Kinderbuchreihen beteiligt (z.B. »Alea Aquarius«, »Die Duftapotheke«, »Woodwalkers«). Sie lebt ziemlich zurückgezogen in Hamburg, hat keine Homepage und meidet die sozialen Medien. Über den Arena-Verlag kam ich mit ihr in Kontakt und durfte sie sogar in ihrem Atelier besuchen. Wir quatschten, machten Fotos, und sie zeigte mir eine cute Alea aus Ton und einige damals noch megageheime Coverentwürfe.

Für meine Begegnungen mit all diesen tollen, kreativen und inspirierenden Menschen bin ich so dankbar! Sie haben mein Leben unglaublich bereichert.

Mit Claudia Carls

Mit Tania Witte

Schon als Mirai klein war, hat sie gerne Fragen gestellt, und zwar nicht nur uns Eltern, sondern auch anderen Erwachsenen. Ich werde nie die Wattwanderung für Familien vergessen, an der wir teilnahmen, als Mirai etwa acht Jahre alt war. Sie interessierte sich damals sehr für Pflanzen und Tiere und war fasziniert vom Meer. Die Wattführerin sprach über die Lebewesen darin, buddelte einen Wattwurm aus und erklärte, wie Muscheln sich fortbewegen. Die Erwachsenen hielten derweil ihre Gesichter in die Sonne und hörten mit einem Ohr zu, während die meisten Kinder durch die glitzernden Pfützen auf dem Schlick sprangen. Mirai blieb jedoch immer in der Nähe der Wattführerin und lauschte gebannt. Sie beantwortete sofort jede Frage, die die junge Frau stellte, und bombardierte sie mit eigenen Fragen. Und so entwickelte sich nach und nach ein intensives Zwiegespräch zwischen den beiden, während sie gemeinsam durchs Watt spazierten. Der Rest der Gruppe trottete hinterher.

Föhr 2014

Aber Mirai interessierte sich nicht nur für die Natur, sondern auch für andere Themen. Vor allem natürlich für Bücher und alles, was es rund um ihre Lieblingsgeschichten zu wissen gab! Auf der LBM waren die Lesungen und insbesondere die sich daran anschließenden Fragerunden immer ihr absolutes Highlight. Deshalb hatte Mirai natürlich auch große Lust, die Autorin Sabine Städing exklusiv zu befragen.

Das erste Interview ist mir auch noch aus einem anderen Grund in schöner Erinnerung geblieben: Als ich zum Bastei-Lübbe-Stand kam, um Mirai dort wiederzutreffen, sah ich, wie sie und die Autorin den Tisch verließen und eilig woandershin strebten. Mirai rannte voran, ihr Handy und einen Block samt Stift in den Händen. Sabine Städing (selbst Mutter von zwei Kindern) schleppte Mirais Jacke und ihren Rucksack. Über so viele Mama-Vibes musste ich lächeln, und ich fragte mich, wie oft diese Autorin wohl schon in der Situation war, einer Bloggerin oder Journalistin ihre Sachen hinterherzutragen …

WOHIN MICH DAS *Bloggen* SCHON GEFÜHRT HAT

Als mein Blog und mein Instagram-Account ca. zwei Monate online waren, meldete sich eine Frau von einer Tageszeitung bei mir, und ich konnte selbst ein Interview geben. Als Bloggerin und Bookstagramerin! Wow! Das fand ich echt aufregend. Bald danach besuchte ich die GEOlino-Redaktion und hatte einen Auftritt in einer Kinderradiosendung des NDR. 2019 lief ich mit »Timster«-Moderator Tim Gailus (KiKA) über die LBM und durfte Kirsten Boie noch mal vor der Kamera interviewen. Es folgten viele weitere Interviews, Artikel und Radio- und Fernsehbeiträge. Nachdem ich im November 2019 den Deutschen Lesepreis der Stiftung Lesen und der Commerzbank Stiftung gewonnen hatte, stieg das Interesse stark an, und es meldeten sich nun auch Medien für Erwachsene wie das ZEIT Magazin, die Frankfurter Allgemeine Sonntagszeitung und das ZDF Morgenmagazin bei mir. Zum Glück war ich dem nie alleine ausgesetzt, meine Ma hat mich unterstützt. Mehr dazu lest ihr im nächsten Zwischenruf.

SNNTAGSKINDER

Lass mal lesen

Interview mit der viel beschäftigten Buchbloggerin

ZEIT leo
DIE SEITE FÜR KINDER

Ich lese was, was du bald

Eine Initiative von **Stiftung Lesen** und **Commerzbank-Stiftung**

Verleihung Deutscher Lesepreis 2019 ↘

WENN DAS KIND PLÖTZLICH
IN DEN MEDIEN IST

Nachdem Mirais Blog und Instagram-Account online gegangen waren, meldete sich bald die erste Journalistin bei uns, und einige Wochen später erschien ein ganzseitiger Artikel auf der Kinderseite der Badischen Neuesten Nachrichten, was wir natürlich sehr feierten. Viele weitere Begegnungen mit Medienvertreter*innen sollten folgen.

Für mich war es interessant, die journalistische Arbeit mal aus der anderen Perspektive zu sehen und zu begleiten. Viele meiner Kolleg*innen gingen sehr freundlich, ja sogar behutsam mit Mirai um. Manche schickten ihr – was nicht üblich ist – den ganzen Text zum Gegenlesen, und wir konnten die gefundenen Fehler vor dem Druck noch korrigieren. Und die Redaktion des ZEIT Magazins tauschte auf Mirais Wunsch sogar das Foto in der Rubrik »Ich habe einen Traum« gegen ein anderes Bild aus.

Es erwies sich als günstig, dass ich als Journalistin die Spielregeln kannte, als Mirai in den Fokus der Medien geriet. Bei Interviews war ich anfangs immer mit dabei, Zitate und Texte las ich gemeinsam mit ihr gegen. Diese Zusammenarbeit hat immer Spaß gemacht und uns noch näher zusammengebracht. Gleichzeitig hat Mirai schon viel über das Medienbusiness gelernt. Die Spielregeln kennt sie inzwischen selbst so gut, dass sie meinen Support nur noch selten braucht.

SECHS TIPPS FÜR DEN UMGANG MIT JOURNALIST*INNEN

1. Das Kind/den*die Jugendliche*n nicht alleine lassen, wenn es von Journalist*innen befragt wird, sondern im Hintergrund dabei bleiben – umso wichtiger, je jünger und unerfahrener es im Umgang mit Medien ist.

2. Mit dem (jugendlichen) Kind besprechen, dass es sich die Zusage geben lässt, das Interview vorab zur Autorisierung zu erhalten. Bei einem Fließtext – wie zum Beispiel einem Porträt – sollte es darum bitten, die Zitate und das Umfeld, in dem sie stehen (d. h. der Satz davor und danach), vorher lesen zu dürfen. Ein gutes Argument: So lassen sich Fehler vermeiden, was im Interesse aller ist.

3. Fragen, ob es möglich ist, vor der Veröffentlichung auch das ausgewählte Foto und die Überschrift zu sehen.

4. Alles gemeinsam gegenlesen, Fehler und Änderungswünsche an die Redaktion zurückmelden. Manche Journalist*innen sind sehr entgegenkommend. Wichtig: Ein Interview muss von der interviewten Person freigegeben (»autorisiert«) werden, bevor es in den Druck gehen kann. Anders sieht es bei Fließtexten aus. Die Zitate werden in der Regel aber auch dort vorab vorgelegt – zumindest auf Nachfrage.

5. Vorsicht bei Video- oder Audiobeiträgen: Bei einem schrift-lichen Interview oder einzelnen Zitaten lassen sich Fehler im Nachhinein leicht korrigieren. Anders bei Aufnahmen, die zum Beispiel fürs Radio oder Fernsehen gedacht sind. Bei solchen Interviews war ich früher immer sehr dicht dabei und habe mich auch mal eingeschaltet und vorgeschlagen, dass Mirai eine Antwort noch mal sagt, wenn ich den Ein-druck hatte, dass sie sich damit später nicht wohlfühlen könnte. Bei Audio-/Videoaufnahmen empfiehlt es sich auch, vorher mit der Redaktion genau zu klären, um welche The-men es gehen soll.

6. Um ein Belegexemplar bitten: Wir fragen immer nach einem Printexemplar (bei Zeitungen und Zeitschriften) sowie ei-nem PDF und bei Video-/Audiobeiträgen nach dem Link und einem MP4/MP3-File. Bei den TV-Beiträgen haben wir uns zusätzlich DVDs oder andere digitale Datenträger schicken lassen, da die Beiträge in den Mediatheken der Sender in der Regel nach einem Jahr gelöscht werden.

Die Auftritte in den Medien waren eine Folge meines Bloggens. Da-neben hat mir dieses Hobby aber auch noch andere Erfahrungen ermöglicht: So durfte ich beispielsweise schon in mehreren Jurys[2]

mitarbeiten. Im wahrsten Sinne des Wortes – arbeiten ... Mir war vorher echt nicht klar, wie viel Arbeit es ist, diese ganzen Wettbewerbsbeiträge zu lesen und zu beurteilen, mit den anderen Jury-Mitgliedern zu diskutieren und wichtige Entscheidungen zu treffen. Außerdem habe ich schon mehrere öffentliche Lesungen moderiert und saß mit Autor*innen wie Katja Brandis, Rüdiger Barth und Kirsten Boie auf dem Podium und musste selbst Fragen beantworten. Bei Katja Brandis und Rüdiger Barth ging es um das spannende Thema »Wie Bücher uns prägen«[3]. Natürlich finde ich es auch immer ein bisschen aufregend, vor so vielen Leuten aufzutreten. Vor allem machen mir solche Events aber immer riesig viel Spaß, und dann ist das Lampenfieber schnell verflogen. Viel aufregender als vor einem fremden Publikum aufzutreten war es für mich, als ich mal in meiner eigenen Schule vor meiner ganzen Stufe (ich war in der 8. Klasse) in der Aula zwei Lesungen von Autor*innen moderiert habe. Weitere Highlights waren für mich ein Online-Workshop mit zwei Klassen in Göttingen sowie drei Workshops mit Jugendlichen zum Thema »How to Bookstagram« im Auftrag der Bundeszentrale für politische Bildung auf der Leipziger Buchmesse 2023. Auch eine coole Erfahrung: Während der Corona-Zeit lud mich eine Professorin der Universität Mainz in ihr Seminar ein, damit ich Studierenden der Buchwissenschaften online etwas zum Thema Buchbloggen erzählte 😮.

---

2) 2019 und 2020 in der Jury vom KiMI, dem Siegel für Vielfalt. 2019, 2020 und 2021 in der Jury von »Frankfurt Young Stories«, einem Schreibwettbewerb der Frankfurter Buchmesse für Jugendliche. 2020 und 2021 in der Jury vom Goldenen Zaunpfahl (Negativpreis für Gendermarketing).
3) Bei dem Literaturfestival »Poetry & Politics« im November 2022 in Würzburg.

2.

WIE DU DIR DEINEN EIGENEN BLOG erstellst

IN DIESEM KAPITEL FINDEST DU TIPPS RUND UMS Bloggen.

Im letzten Kapitel habe ich ja schon erzählt, wie ich auf der Leipziger Buchmesse 2018 zum ersten Mal auf Buchblogger*innen traf, dann nach und nach mehr über ihre Arbeit erfuhr und dadurch zu einem eigenen Blog inspiriert wurde. Vielleicht geht es dir so ähnlich wie mir damals, und du fragst dich: Ein Buchblog, was ist das eigentlich?

EIN PAAR INFOS
ZUM THEMA *Blog*

Blogs gibt es schon sehr lange – der allererste soll sogar schon 1990 online gegangen sein. Lustig: Das Wort »Blog« gab es damals noch gar nicht.

Im Laufe der 1990er-Jahre kamen weitere dazu, bald setzte ein richtiger Boom ein, denn Blogs waren die ersten Onlinemedien, die es der Allgemeinheit ermöglichten, selbst Inhalte zu veröffentlichen und damit Hunderte oder Tausende oder sogar noch mehr Menschen zu erreichen. Und das lange bevor Facebook, Instagram & Co. gegründet wurden!

BEI *Wikipedia* HEISST ES ZUM THEMA *Blog*:

»Ein Blog [blɔg] (das oder der) oder auch Weblog [ˈwɛb.lɔg] (Wortkreuzung aus englisch Web und Log für »Logbuch« oder »Tagebuch«) ist ein meist auf einer Webseite geführtes und damit meist öffentlich einsehbares Tagebuch oder Journal, in dem mindestens eine Person, der Blogger, international auch Weblogger genannt, Aufzeichnungen führt, Sachverhalte protokolliert (»postet«) oder Gedanken niederschreibt. Die Tätigkeit des Schreibens in einem Blog wird als Bloggen bezeichnet.«

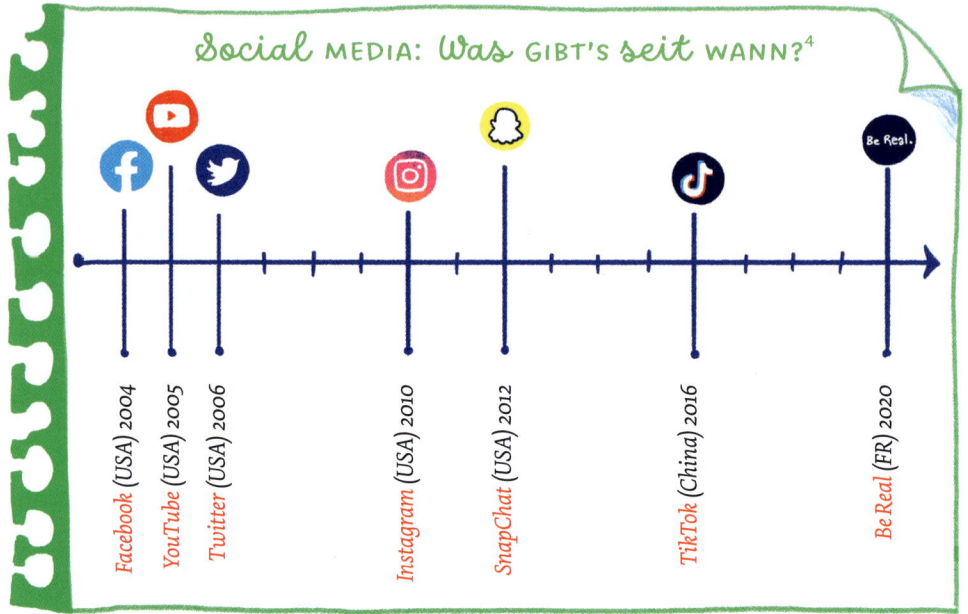

Social MEDIA: Was GIBT'S seit WANN?[4]

Facebook (USA) 2004
YouTube (USA) 2005
Twitter (USA) 2006
Instagram (USA) 2010
SnapChat (USA) 2012
TikTok (China) 2016
BeReal (FR) 2020

Aus heutiger Sicht kaum zu glauben, aber früher Realität: Das Berichten über Themen und die öffentliche Meinungsäußerung abseits von Veranstaltungen war damals nur Menschen vorbehalten, die für Zeitungen, Onlineseiten, Zeitschriften, Radio oder das Fernsehen arbeiteten. Daneben gab es auch selbst produzierte Zeitungen (zum Beispiel an Schulen) und »Bürgerradios« oder »Bürger-TV«. Deren Reichweite war aber total gering und regional begrenzt.

Anders als bei klassischen Internetseiten, die oft schwer zu verändern sind, kann man auf einem Blog ganz easy neue Fotos und Texte hochladen. Möglich macht das die Software der Blogging-Plattform. Wenn

4) Quelle: Wikipedia

Vorteil EINES Blogs GEGENÜBER EINER KLASSISCHEN Internetseite:

Man kann schneller und einfacher etwas hochladen.
Vorteil eines Blogs gegenüber Instagram: Deine Texte sind nicht auf 2200 Zeichen beschränkt, das heißt, du kannst deine Rezis so ausführlich schreiben, wie du möchtest, und zusätzlich beliebig viele Fotos oder Videos hochladen.

du jetzt denkst: Hä? Das ist die Plattform, die du brauchst, um einen Blog hochzuladen, den dann später alle Leute im Netz lesen können. Ich selbst bin mit *Lass mal lesen!* bei wordpress.com gelandet. Alleine dort sollen (so schreibt es jedenfalls wordpress.com auf seiner Seite) jeden Monat mehr als 409 Millionen Menschen persönliche und berufliche Blogs lesen – und das, obwohl es heutzutage die Konkurrenz durch die sozialen Medien gibt.

Egal ob Angeln oder Fußball, Musik oder Reisen, Design oder Politik – es existiert wohl kaum ein Thema, zu dem es keinen Blog gibt. Besonders beliebt sind Modeblogs, Blogs über das Familienleben (»Mama-Blogs« oder »Family-Blogs« genannt) und Food-Blogs. Und dann gibt es natürlich Buchblogs! Mein eigener heißt, wie du ja schon weißt, *Lass mal lesen!*, und du findest ihn unter: lass-mal-lesen.blog

Du möchtest dir auch einen Buchblog erstellen? Dann brauchst du erst mal einen guten Namen! Um gleich klarzustellen, worum es auf DEINEM Blog geht, macht es Sinn, deine Begeisterung für das Lesen schon im Titel zu zeigen. Am besten, indem du Wörter wie zum Beispiel *Lesen, Buch, Bücher, buchig, Books* oder *reading* mit einbaust. Guck gerne mal auf die Seiten 121 und 122 in Kapitel 5. Dort geht es um Namen für Bookstagram-Accounts. Natürlich können dein Blog und dein Account den gleichen Namen haben.

 **TIPP:** Lass deiner Kreativität freien Lauf. Schließlich sollen sich die Leute an deinen Namen erinnern 😊.

Du hast schon eine Idee, wie du deinen Blog nennen und ihn gestalten möchtest? Super! Falls nicht, auch kein Problem: Such im Netz nach Buchblogs und lass dich inspirieren. Ganz wichtig: *Inspirieren heißt NICHT kopieren!* Den Namen zu klauen, bei der Gestaltung bewusst das gleiche *theme* wie ein anderer Blog zu verwenden, den Schreibstil oder sogar ganze Texte zu kopieren, ist blöd und auch völlig überflüssig, schließlich bietet das Netz alle Möglichkeiten, dich selbst und deine eigenen Ideen zu verwirklichen. Und letztlich macht es auch viel mehr Spaß, das Original zu sein als bloß die Kopie! Nimm dir ruhig ein bisschen Zeit, dann wird dir bestimmt ein cooler Name einfallen, den noch niemand nutzt und der zu dir passt.

AktionsTIPP:
Brainstorme doch mal, was dir an möglichen buchigen Namen alles so einfällt, und mach dir eine Liste.

WAS *brauchst* DU FÜR DEINEN *Blog*?

Um einen Blog zu starten, brauchst du natürlich nicht nur einen Namen, sondern vor allem auch einen Ort im Internet, wo du deine Inhalte hochladen kannst. Dazu musst du dich für einen Anbieter entscheiden, der deinen Blog hosten soll. Oder anders ausgedrückt: für eine Plattform, die deinem Blog ein Zuhause gibt.

Als ich anfing, hatte ich keine Ahnung vom Bloggen. *WordPress.com* war mir empfohlen worden und erschien mir sehr einfach, weil es eine Art Baukastensystem ist, bei dem du einfach das anklickst, was du brauchst. Für die Gestaltung des Blogs kannst du zum Beispiel aus einer Reihe von sogenannten *themes* wählen. Das sind fertige Layoutvorlagen, die sich unter anderem in den Farben und Schriften unterscheiden. Nach einem ähnlichen Prinzip wie *WordPress.com* funktionieren auch *Wyx, 1&1 Ionios, Jimdo, Squarespace, Blogspot, blogger.com* und andere[5]. Sie sind alle relativ einfach zu bedienen, kosten aber auch Geld.

Daneben gibt es selbstgehostete Plattformen wie zum Beispiel Drupal, Ghost, Joomla oder wordpress.org (Achtung: Die .org-Endung macht hier einen großen Unterschied!).

»Selbstgehostet« bedeutet, dass du einen separaten Server und eine separate Domain benötigst, um die Blogging-Software zur Erstellung deines Blogs oder deiner Webseite zu verwenden. Selbst gehostete Plattformen sind in der Regel kostenfrei, da ihre Software Open Source ist, also niemandem gehört. Gleichzeitig setzen sie aber gewisse Kenntnisse voraus oder zumindest die Bereitschaft, sich einzuarbeiten, was manchmal auch ein bisschen dauern kann.

Gut möglich, dass es mittlerweile noch viel bessere Anbieter gibt. Weil die Angebote sich ständig ändern, kann ich dir keinen ultimativen Tipp geben, zu wem du unbedingt gehen solltest. Am besten, du schaust dich selbst mal im Netz um.

5) *Weitere Infos/ Quellen: https://kinsta.com/de/blog/besten-blogging-plattformen/ https://trusted.de/blog-hosting*

Wenn du dir mehrere Buchblogs angesehen hast, wird dir auffallen, dass es sehr viele verschiedene Möglichkeiten gibt, deinen Blog aufzubauen. Das geht schon bei der Hauptseite, also der Startseite deines Blogs, los. Dort kannst du beispielsweise immer ein Foto eines Buches zeigen und direkt darunter die Rezension stellen. Wenn der Platz nicht ausreicht, klickt man auf einen Link und kommt dann auf eine Unterseite, auf welcher der Text fortgesetzt wird. Auf eine Foto-Rezi-Kombi folgt die nächste, dann die nächste und so weiter. Das ist die ganz klassische Form eines Blogs, die Urform sozusagen. Man könnte sie mit einem Tagebuch vergleichen, in dem fortlaufend etwas hinzukommt.

AktionsTIPP:
Recherchiere unter dem Schlagwort »Blog Hosting« oder auch »Anbieter für Blogs« nach Plattformen und vergleiche, welche Möglichkeiten sie bieten, was sie kosten und wie sie zu bedienen sind. Dafür musst du dir nicht jeden Anbieter einzeln ansehen – praktischerweise gibt es Übersichtsseiten, die verschiedene Plattformen nach bestimmten Kriterien vergleichen. Nimm dir dafür ruhig ein bisschen Zeit.

Eine Alternative ist die Variante, die ich für meinen Blog gewählt habe: Auf der Startseite von *Lass mal lesen!* beginnt jeder Post mit einem schönen Foto, das mehr als nur das Cover zeigt. Manchmal bin auch ich selbst mit dem jeweiligen Buch zu sehen. Oft ist es das Foto, das ich auch bei Instagram (Zum Thema »Deinen Blog mit Social-Media-Kanälen supporten« siehe S. 62) poste. Da mir auf dem Blog und bei Instagram zum Teil unterschiedliche Leute *folgen*, ist das kein Problem, und der Aufwand, den die Fotos manchmal mit sich bringen, lohnt sich noch mehr.

Unter das Foto stelle ich einen kleinen Text. Darin erläutere ich zum Beispiel, warum ich dieses Buch feiere, was meine Erwartungen daran waren, oder gebe ein paar allgemeine Infos zu der Reihe (wenn es ein Reihentitel ist). So versuche ich, meinen *Follower*innen* Lust auf meine Rezension zu machen. Wer meine Buchbesprechung lesen möchte, muss auf einen Link am Ende des Textes klicken und gelangt so auf eine Unterseite. Diese sind immer gleich gestaltet: Oben ein Foto des Covers (ohne Deko), Infos zum Buch (Name des Verlags, Name des*der Autor*in, Erscheinungsjahr, Seitenzahl) und darunter dann meine Rezension (Tipps, wie du die am besten schreibst, findest du ab Seite 51), siehe Foto links.

Oft stelle ich das schöne Foto von der Startseite noch mal darunter oder vielleicht auch noch andere Fotos, die ich von dem Buch gemacht habe. Bei *Graphic Novels*, Comics, Sach- oder Bilderbüchern ergänze ich die Rezension noch mit Fotos aus dem Innenteil. Diese Variante eines Blogs erinnert eher an ein Online-Magazin als an ein Tagebuch. Natürlich gibt es noch viel mehr Formen, einen Blog zu gestalten. Schau dich doch mal um und überlege, was dir selbst am meisten liegt.

Neue Rezi: „Felix ever after"

Beispiel für ein Beitragsfoto, unter dem ein Teaser steht

Eine wichtige Frage ist, wie die Leute ältere Beiträge von dir auf deinem Blog (wieder)finden. Nur die wenigsten haben Lust und Zeit, stundenlang durch die Posts zu scrollen. Auch hier gibt es verschiedene Möglichkeiten, zum Beispiel ein Archiv, in dem man über *Hashtags* (mehr zu Hashtags liest du auf S. 128) nach Rezensionen zu bestimmten Büchern suchen kann. Als ich mit meinem Blog begann, wusste ich noch nicht, was Hashtags sind und warum sie wichtig sein können. Darum habe ich keine unter meine Rezensionen gesetzt, und später war es mir zu viel, es bei allen nachzuholen. Natürlich wollte (und will) ich aber auch, dass die Nutzer*innen meine Buchbesprechungen finden. Darum entschied ich mich dafür, eine etwas größere Struktur anzulegen. Zum einen lege ich alle Rezis auf den Unterseiten »Kinderbücher« bzw. »Jugendbücher« ab. Daneben gibt es weitere Unterseiten, zum Beispiel für Comics oder Sachbücher. Zusätzlich habe ich eine Seite, auf der ich alle besprochenen Titel nach dem Alphabet einsortiere. Dort füge ich dann auch immer den Link zu den jeweiligen Rezis ein. Daneben gibt es auf *Lass mal lesen!* weitere Menüpunkte. Unter »Mediastuff« lege ich zum Beispiel Links zu Artikeln und Beiträgen ab, die über mich erschienen sind (manchmal auch die Artikel selbst). Auf anderen Unterseiten finden sich Interviews, die ich mit Autor*innen geführt habe, oder Berichte zu buchigen Veranstaltungen.

Die Struktur ist bei meinem Blog oben auf der Webseite sichtbar. Andere Blogs haben dagegen ein sich ausklappendes Menü, du siehst, auch hier gibt es verschiedene Lösungen. Es kommt ganz auf die Plattform an, für die du dich entscheidest, auf das jeweilige *theme* und darauf, was DIR persönlich am besten gefällt.

WIE WICHTIG SIND *Fotos*?

Bei Bookstagram spielen Fotos eine wichtige Rolle (in Kapitel 5 findest du auf Seite 139 viele Tipps, wie du gute Fotos machen kannst), schließlich ist Instagram eine fotobasierte App. Bei Blogs sieht es anders aus. Hier kommt es vor allem auf die Texte an – ob und wie du die dann noch mit schönen Fotos ergänzt, ist deine Entscheidung.

Auf meinem eigenen Blog setze ich oft Fotos ein, weil ich mir gerne überlege, wie ein cooles Bild zu einem bestimmten Buch aussehen könnte, mir das Fotografieren Spaß macht und ich auch kein Problem damit habe, mich zu zeigen. Auf anderen Buchblogs gibt es dagegen nur wenige Fotos. Auch hier gilt also: *Your choice!*

DAS *Impressum* UND ANDERER RECHTLICHER KRAM
(*leider* WICHTIG)

Das deutsche Gesetz sieht vor, dass jeder Blog ein Impressum haben muss. Darin hat unter anderem zu stehen, wer für die Seite verantwortlich ist und wie die Person zu erreichen ist. Wer kein Impressum vorweisen kann, dem droht Ärger – zum Beispiel von Anwält*innen, die sich darauf spezialisiert haben, Blogger*innen ohne Impressum eine Abmahnung zu schicken und dafür Gebühren zu kassieren (traurigerweise gibt es wirklich Leute, die damit Kasse machen). Nun sind kleine Buchblogs von solchen Abmahnungen nur sehr selten oder nie betroffen. Trotzdem solltest du ein Impressum anlegen. Im Netz findest du zahlreiche Generatoren, mit denen du das relativ einfach machen kannst. Am besten, du lässt dir dabei von deinen Eltern oder älteren Geschwistern helfen!

Eine Sache, die wirklich richtig nervig ist: Man muss dort auch eine Postadresse angeben. Ein gemietetes Postfach reicht nicht aus. Wir hatten daher eine Zeit lang die Büroadresse meiner Mutter angegeben. Inzwischen steht dort die Adresse unserer *Literaturagentur*. Von anderen Blogger*innen weiß ich, dass sie die Adresse von Verwandten angeben. Überlege am besten mit deinen Eltern zusammen, welche Lösung für euch passt. Ebenfalls wichtig ist die Datenschutzerklärung. Auch hier lass dir am besten helfen. Informationen gibt es dazu im Netz zum Beispiel auf dieser Seite: *datenschutz.org/blog/*

 **TIPP:** Fülle deinen neuen Blog erst mal mit ein bisschen Content, BEVOR du damit online gehst. So haben die Leute gleich etwas zu lesen. Schreib einfach zwei oder drei Rezensionen zu Büchern, die du in letzter Zeit gelesen hast (wie das geht, erfährst du auf den nächsten Seiten).

Content ZÄHLT:
 SO SCHREIBST DU DEINE ERSTE Rezension

Hast du in der Schule schon mal eine Buchvorstellung gemacht? Rezensionen sind meistens so ähnlich aufgebaut, auch wenn du hier natürlich viel mehr Freiheiten hast. Die meisten Rezis haben (jedenfalls bei mir) zwei Teile: Im ersten schreibe ich, worum es in dem Buch geht, im zweiten erkläre ich, was mir an dem Buch gefallen hat und was ich daran nicht mochte.

Am Ende einer Rezension vergebe ich Sterne, damit die Leute sie noch besser einordnen können. Ich mochte die Idee, dafür Sterne zu nehmen, du kannst aber natürlich auch Lollis, Herzen, Goldhamster oder was ganz anderes wählen. Wichtig ist, dass du irgendwo auf deinem Blog vermerkst, was die jeweilige Anzahl bedeutet.

In der Regel schwanken meine Rezis zwischen drei und fünf Sternen. Das hat damit zu tun, dass ich Bücher, die mir nicht gefallen, meistens relativ schnell abbreche. Ich habe einfach keine Lust und

Meine Rezensionen

Mein Bewertungssystem:

★ = Gibt bessere Bücher

★★ = Ganz ok

★★★ = Gutes Buch

★★★★ = Sehr gutes Buch

★★★★★ = Sehr sehr gutes Buch

★★★★★★ = Bestes Buch EVER!!!

auch nicht die Zeit, mich durch Geschichten zu quälen, die mir nicht liegen oder die mich langweilen – es reicht, wenn ich das für die Schule machen muss ☹. Gleichzeitig rezensiere ich aber auch nur Bücher, die ich wirklich gelesen habe. Alles andere fände ich unfair. Denn wer weiß, vielleicht wird eine Geschichte zum Ende ja noch ganz toll? Verlage haben natürlich die Erwartung, dass man Rezensionsexemplare auch bespricht. Gleichzeitig verstehen sie aber auch, wenn man mal ein Buch nicht rezensiert, weil man es abgebrochen hat, jedenfalls wenn das nicht dauernd passiert. Und letztlich ist es dem Verlag und vor allem auch der*dem Autor*in wahrscheinlich sogar sehr lieb, wenn du keine Rezension postest. Ich habe mit dieser Haltung jedenfalls bisher nur positive Erfahrungen gemacht.

DAS SCHREIBEN EINER REZENSION IST NICHT SCHWER. EIN PAAR DINGE SOLLTEST DU ALLERDINGS BEACHTEN:

1. GIB DEN INHALT IN DEINEN EIGENEN WORTEN WIEDER!

Schreib nicht den Klappentext ab, sondern formuliere selbst, worum es in dem Buch geht. Das ist individueller und für die Leser*innen auch interessanter, schließlich können sie sich den Klappentext ja auch im Laden oder auf der Internetseite des Verlags durchlesen. Und wenn deine Leser*innen ähnliche Bücher gut finden wie du oder ähnliche Themen interessant finden, dann bekommen sie durch dich wichtige zusätzliche Informationen über die Geschichte.

 **TIPP:** Wenn du deinen Text formulierst, solltest du unbedingt ein oder zwei inhaltliche Infos einbauen, die nicht im Klappentext stehen. So sehen auch die Leute im Verlag, dass du das Buch wirklich gelesen hast.

2. SEI COOL MIT DER LÄNGE

Kein Mensch erwartet von dir, dass du den gesamten Inhalt mit allen seinen Wendungen wiedergibst und alle *Protas* vorstellst. Im Gegenteil: Die Leute wollen das Buch ja auch noch selbst lesen. Vielleicht hast du aber auch das Bedürfnis, mehr zu schreiben, zum Beispiel, weil dich das Buch sehr beeindruckt hat? Do it! Kein Verlag, kein*e Redaktionsleiter*in, keine Lehrkraft kann dir sagen, wie lang ein Text auf deinem Blog sein muss oder darf. Dein Blog, deine Regeln!

3. FRAG DICH KURZ SELBST, FÜR WEN DAS BUCH EIGENT-LICH GEDACHT IST

Es kommt leider immer wieder vor, dass Leute Bücher verreißen – oder zumindest negativ beurteilen –, weil sie ignorieren, dass sie gar nicht zur Zielgruppe gehören und das Buch einfach nur aus ihrem eigenen Blickwinkel betrachten. Ich habe selbst bei zwei Büchern mitbekommen, wie Bloggerinnen kritisierten, dass diese nicht so spannend wie erwartet waren und die Handlung »vorhersehbar«. Allerdings waren die Bücher, um die es ging, ab 10 und 12 Jahren und die Bloggerinnen 25 und älter 😣 (ich selbst und auch viele andere Kinder und Jugendliche feierten die Bücher hingegen).

Was sind die *Learnings* daraus?

★ Falls dir ein Buch nicht gefällt, frag dich, ob du überhaupt zur Zielgruppe gehörst. Falls nein – berücksichtige das beim Schreiben deiner Rezension. Wenn ein Buch ab 8 Jahren ist und du bist 13, dann gehörst du sehr wahrscheinlich nicht zur Zielgruppe, und nur weil du die Handlung voraussehbar findest, heißt es nicht, dass das 8-Jährigen auch so geht.

★ Es gibt unglaublich viele Erwachsene, die *Kinder-* und *Jugendbücher* rezensieren. Darum ist es wichtig, dass wir als eigentliche Zielgruppe auch unsere Meinung dazu sagen! Autor*innen und Verlagsleute wissen das oft sehr zu schätzen.

4. BLEIB FAIR!

In jedem (auch in jedem schlechten) Buch steckt viel Arbeit, Anstrengung und Liebe. Jemand hat sich eine Geschichte ausgedacht und sie zu Papier gebracht. Das sollten wir erst einmal anerkennen und wertschätzen. Niemand hat es verdient, für seine Arbeit niedergemacht zu werden. Darum sollte eine Rezension immer fair und sachlich sein. Du könntest zum Beispiel schreiben, WAS dir an dem Buch gefallen hat, bevor du schreibst, was du nicht so gut fandest.

5. NICHT SPOILERN!

Wenn Rezensierende etwas Wichtiges verraten, was die Lesenden normalerweise erst nach und nach erfahren, dann nennt man das spoilern. Zum Beispiel, wer der Mörder ist oder dass die beiden Protas nach langem Hin und Her am Schluss doch zusammenkommen oder dass eine verschollene Person doch noch lebt. Spoilern ist blöd – für die Leser*innen, weil du ihnen damit den Lesespaß nimmst, aber auch für die Autor*innen, die natürlich möchten, dass der Spannungsbogen ihrer Geschichte bestehen bleibt.

Immer nur Rezensionen auf dem Blog zu veröffentlichen kann ein bisschen langweilig sein – für dich, aber auch für deine Leser*innen. Wie wäre es, wenn du zusätzlich auch mal einen Bericht von einer buchigen Veranstaltung postest (zum Beispiel von einem Messebesuch) oder ein Interview mit einem*einer Autor*in? Vielleicht wohnt er oder sie in deiner Stadt, und ihr könnt euch in einem Café treffen? Oder der*die Autor*in kommt im Rahmen einer Lesereise in deine Nähe? Ansonsten sind die Buchmessen perfekt für ein Interview. Auch andere Leute aus der Buchbranche (*Lektorinnen* oder Illustratoren, Übersetzerinnen oder *Literaturagenten*) können spannende Interviewpartner*innen sein.

 13 Tipps für ein gutes Interview:

1. Nimm vorab freundlich Kontakt auf und bitte um einen Gesprächstermin. Das gilt auch für die Messen. Viele Autor*innen sind dort sehr verplant, und du wirst mehr Erfolg haben, wenn du vorher einen Termin vereinbarst.

2. Informiere dich und recherchiere über die Person. Sie hat schon andere Interviews gegeben, und die eine oder andere Frage daraus möchtest du auch stellen? Es spricht nichts dagegen. Aber achte darauf, auch Fragen zu stellen, die ein

bisschen anders und außergewöhnlich sind. Das ist für den*die Autor*in sonst ziemlich langweilig und auch für dein Publikum, das vielleicht schon andere Interviews mit der Person gelesen hat.

3. Schreibe deine Fragen auf und sortiere sie nach »Wichtig« (die willst du auf jeden Fall stellen) und »Zusatzfragen« (für den Fall, dass noch Zeit ist).

4. Kritische Fragen sind erlaubt. Aber: Akzeptiere, wenn dein*e Interviewpartner*in eine Frage nicht beantworten möchte. Ein guter Trick bei der Vorbereitung: Überlege, wie du selbst reagieren würdest, wenn du diese Frage gestellt bekommst. Wäre sie dir unangenehm? Dann lieber darauf verzichten!

5. 30 Minuten sind super für ein Interview. Wenn du viele Fragen hast, können auch 60 Minuten toll sein, wenn du die Gelegenheit bekommst. Vergiss aber nicht, dass du später noch alles transkribieren (siehe Punkt 7) und bearbeiten musst.

6. Wenn dein*e Gesprächspartner*in einverstanden ist, zeichne das Gespräch auf. Das ist besser als mitzuschreiben, so bekommst du die genauen Formulierungen mit. Außerdem kannst du dich auf das Gesagte besser konzentrieren und nachhaken. Ich nutze zum Aufzeichnen eine Sprachmemo-App.

7. Zu einem Interview gehört nicht nur die Vorbereitung (Recherche, Fragen überlegen), sondern auch die Nachbereitung. Höre dir die aufgezeichneten Antworten an und wähle aus, welche Stellen dir am besten gefallen oder welche du am wichtigsten findest, und tippe sie ab. Das dauert leider einige Zeit. Es gibt auch Apps dafür, die auf einer Spracherkennungssoftware basieren. Die können die Arbeit schon erleichtern, kosten aber relativ viel Geld und sind leider oft ziemlich ungenau.

8. Lass ein paar Fotos von dir und deiner*deinem Interviewpartner*in machen. Fotos von der Gesprächssituation sind auch super. Wenn du das Interview später auf deinem Blog einstellst, kannst du den Text damit auflockern. Du kannst die Person auch um ein Porträtfoto bitten. Dazu solltest du auch den Namen des*der Fotograf*in wissen und später dazuschreiben (den sogenannten *Foto-* oder *Bildcredit*). Erfrage zur Sicherheit, ob du es honorarfrei verwenden darfst.

9. Keine*r muss sich hundertprozentig an den genauen Wortlaut der Antworten halten. Du kannst kürzen, umformulieren oder Sätze umstellen. Du kannst auch eine längere (aber interessante) Antwort durch eine Zwischenfrage auflockern, die du in der Gesprächssituation gar nicht gestellt hast. Wichtig ist bei alldem nur: Du darfst nicht den Sinn

verändern, und (noch wichtiger!) du musst der*dem Autor*in das ganze Interview noch mal zum Gegenlesen geben (siehe Nr. 11). Wenn er oder sie einverstanden ist, dann sind alle deine Änderungen okay.

10. Dein Interview ist fertig? Wähle eine passende Überschrift! Das kann zum Beispiel eine besonders interessante Aussage sein, die du in Anführungszeichen über den Text setzt. Schreibe darauf folgend einen kurzen Vorspann. Darin könntest du erklären, wann und wo du den*die Autor*in getroffen hast, wie euer Treffen so war und ein paar Beispiele nennen, worüber ihr gesprochen habt. Der Vorspann soll neugierig machen und Lust wecken, das Interview zu lesen.

11. Schicke den Text und die Fotos an den*die Autor*in. Frage sie oder ihn nach Änderungswünschen und/oder Korrekturen und setze diese dann auch um.

12. Natürlich kannst du das Interview auch schriftlich führen – zum Beispiel per Mail. Das hat den Vorteil, dass du nichts abtippen musst. Persönliche Gespräche sind andererseits schöner, und man bekommt oft auch spannendere Aussagen.

13. Guck mal auf die Seiten 173 bis 186. Da findest du gleich drei Interviews, die du als Vorbild nutzen kannst.

EINDRÜCKE VON DEN INTERVIEWS

Bevor die Pandemie über uns alle hereinbrach, führte Mirai regelmäßig Interviews mit Autor*innen für ihren Blog, und mir fiel jedes Mal die Aufgabe zu, Fotos zu machen. Ich fand die kurzen Begegnungen immer sehr spannend und staunte oft, wie unterschiedlich sich die Autor*innen vor der Kamera verhielten. Die »Alea Aquarius«-Autorin Tanya Stewner nahm Mirai zum Beispiel in den Arm, drückte sie fest an sich und strahlte über das ganze Gesicht, Kirsten Boie hingegen hielt deutlich Abstand und lächelte abwartend. Manche Autor*innen sind bei Fotosessions erstaunlich schüchtern, lassen sich aber durch lustige Bemerkungen aus der Reserve locken. Einige prüfen anschließend jedes Foto genau, andere winken lachend ab, wenn Mirai ihnen die Bilder zeigen will, und sagen: »Passt schon.« oder »Da bin ich schmerzfrei.«

Mit Tanya Stewner

Mit Kirsten Boie

Du hast einen passenden Namen gefunden, eine Struktur erstellt, ein Impressum eingerichtet, erste Rezensionen, Fotos und vielleicht auch schon ein Interview hochgeladen? Und deinen Blog sogar schon von »privat« auf »öffentlich« gestellt? Kurzum: Dein Blog steht?

Wow! *Congratulations!* Und herzlich willkommen in der Welt der Blogger*innen! Jetzt heißt es erst mal: Durchatmen und einfach stolz sein auf deine Leistung!

Mit Tania Witte

Sobald der Blog online ist, können andere ihn lesen. Allerdings müssen sie erst mal wissen, dass es ihn gibt. Auf Google ist leider erst mal kein Verlass: Es dauert oft ein paar Tage, bis dein Blog angezeigt wird, selbst wenn du den Namen direkt in das Suchfeld tippst. So kommst du trotzdem schnell zu ersten Abos: Informiere als Erstes deine Familie und Freund*innen und überlege dann, für wen dein Blog noch interessant sein könnte. Deine Nachbarin ist Lehrerin und sucht immer nach neuem Stoff für ihre Klassenbibliothek? Sag ihr Bescheid – genauso wie deinem Lieblingsbuchhändler, der Bibliothekarin in der Stadtbücherei oder den Freund*innen deiner Eltern (wenn sie lesebegeisterte Kinder haben). Bitte alle, auch andere Leute auf den Blog aufmerksam zu machen.

Du kannst auch Zettel bedrucken oder dir online Werbepostkarten gestalten und sie in Buchläden oder der Bibliothek auslegen. Klingt oldschool? Funktioniert aber! Manche Blogger*innen lassen sich statt Postkarten Lesezeichen oder Visitenkarten drucken, auch für Buchmessen und andere Events (mehr dazu ab Seite 93).

Wenn du Lust hast, lade deine Rezensionen zusätzlich auch bei Amazon, Thalia oder Lovelybooks hoch und verweise im Text auf deinen Blog. Vielleicht guckt der eine oder die andere Leser*in bei dir vorbei.

Oder: Besuche andere Buchblogs und kommentiere dort unter den Posts. So werden andere Blogger*innen auf dich aufmerksam.

Am effektivsten ist es allerdings, wenn du dir zusätzlich einen Kanal in den sozialen Medien zulegst - zum Beispiel bei Instagram –, wo du deinen Blog bewerben kannst. Wie du dir einen Bookstagram-Account einrichtest, was BookTok und BookTube sind und welche Vorteile ein Podcast bietet, erfährst du in den Kapiteln 5 und 6. Nun geht es aber erst mal um die Grundlage für jeden Buchblog: Bücher!

Im März 2022 hat Tessniem Kadiri, eine der Moderatorinnen von „Neun ½" (KiKA), mit ihrem Team bei mir zu Hause gedreht.

3. BÜCHER für DICH!

IN DIESEM KAPITEL VERSTECKEN SICH JEDE MENGE IDEEN, WIE DU AN *frischen Lesestoff* KOMMST.

Liebst du das Lesen auch so sehr wie ich? Und hast du es schon mal erlebt, dass du mega Lust darauf hattest, aber kein cooles Buch zur Hand? Das ist schlimm, denn wer Bücher liebt, braucht ständig Nachschub. Vielleicht wohnst du ja zufällig in einer Bibliothek (okay, ist eher unwahrscheinlich ...) oder deine Ma ist Buchhändlerin (so wie bei einer Freundin von mir – die Glückliche!). Aber die wenigsten Bookies sind wohl in dieser beneidenswerten Situation. Darum hab ich dir ein paar Tipps aufgeschrieben, wie du an Bücher kommst, damit du immer einen **S**tapel **u**ngelesener **B**ücher (*SuB*) hast.

NEU UND GEBRAUCHT *kaufen*

Fangen wir mit dem an, was vielleicht am naheliegendsten ist: KAUFEN … Kaufen ist natürlich immer eine gute Option, denn nur wenn das genügend Menschen machen, können die Verlage und Buchläden überleben und die Autor*innen Geld verdienen. Kennst du den Spruch *»Support your local business«*? Wenn ich Bücher kaufe, dann in kleinen Läden und manchmal auch in den Filialen von Ketten wie Thalia, Hugendubel oder Buchbox, um sie zu unterstützen. Ich finde, dass nichts cooler ist, als in einem Laden herumzustromern und Bücher, die mich interessieren, in die Hand zu nehmen!

Bücher neu zu kaufen ist easy, aber leider ein teurer Spaß, vor allem, wenn du viel liest. Zum Glück gibt es die allermeisten Bücher auch gebraucht. Der Vorteil: Sie kosten deutlich weniger, und es ist besser für die Umwelt.

FUN*fact*:

Wusstest du, dass auf dem deutschen Markt jedes Jahr rund 64.000 Bücher neu erscheinen? Davon richten sich etwa 8.000 (also ein Viertel) an Kinder und Jugendliche[6].

---

6) Quelle: Statista.
Siehe https://de.statista.com/statistik/daten/studie/39166/umfrage/verlagswesen-buchtitelproduktion-in-deutschland/ und https://de.statista.com/statistik/daten/studie/324347/umfrage/neuerscheinungen-von-kinder-und-jugendbuechern-in-deutschland/

AktionsTIPP:

Schnapp dir eine*n Freund*in, und geht zusammen in einem Buchladen stöbern. Wusstest du, dass es Läden gibt, in denen man sich abends für ein paar Stunden einschließen lassen kann, um in Ruhe die Regale zu durchforsten und zu schmökern? Das geht zum Beispiel in der Bücherstube in Berlin-Tegel. Und in manchen Buchläden kann man sogar übernachten – zum Beispiel bei »Schwarz Auf Weiß Lesen« in Buxtehude.

Wie cool ist das denn? Google doch mal, ob es so was auch in deiner Nähe gibt. Ich möchte das auf jeden Fall irgendwann mal machen.

Ich kaufe relativ oft gebraucht und habe so schon richtig coole Schnäppchen gefunden. Einzelne gebrauchte Bücher kannst du supergut bei Onlinehändler*innen finden. Ganze Reihen gibt es oft günstig von Privatpersonen auf eBay oder Kleinanzeigen.de.

Flohmärkte sind auch ein guter Ort, um auf Bücherjagd zu gehen, dafür brauchst du aber Zeit, gute Nerven und Glück. Und: Auch Bibliotheken verkaufen aussortierte Bücher. Manchmal sind die echt ranzig – aber nicht immer. Ich werde nie den Bibliotheksverkauf in Westerland auf Sylt vergessen, den ich mit meiner Freundin Jule besuchte. Wir haben sehr gelacht, denn manche Titel waren echt ein bisschen cringe. Andererseits haben wir aber auch sehr coole und relativ neue Bücher gefunden.

AktionsTIPP:
Eine Wunschliste (WuLi) ist eine super Sache. Du kannst sie auf Papier führen oder im Handy – so geht dir kein Buch verloren, das du bei Bookstagram oder im Laden siehst. Und wenn jemand fragt, was du dir zum Geburtstag wünschst, hast du immer eine Antwort parat.

Liest du eigentlich auch *eBooks*? Ich habe mich lange dagegen gewehrt, einen *eReader* zu kaufen oder mir schenken zu lassen. Warum? Weil ich Bücher einfach zu gerne auf Papier lese. Ich liebe alles daran: sie in der Hand zu halten, das Umblättern, den Geruch, sie ins Regal zu stellen, über das Cover zu streichen … It's a vibe!

Letztes Weihnachten habe ich mir dann doch einen gewünscht, einfach weil die Dinger megapraktisch sind, vor allem natürlich auf Reisen. Außerdem sind eBooks oft deutlich günstiger als gedruckte Bücher! Wenn dein Reader das ePub-Format unterstützt, kannst du dir mit deinem Bibliotheksausweis auch in Büchereien kostenlos eBooks leihen. Dabei ist es völlig egal, ob du in einer Ferienwohnung in Paris, bei deiner Oma auf dem Land oder auf dem Mond bist – solange du WLAN hast. Wenn du clever bist, dann lädst du dir die eBooks schon vorher zu Hause runter und speicherst sie ab – so bist du unterwegs nicht aufs Internet angewiesen.

Ob Raumfahrer*innen wohl einen eReader dabeihaben? Und wie viele Bücher sie sich wohl vor dem Start ins All herunterladen? Ob sie da oben überhaupt Zeit zum Lesen haben? Wie viele und welche Bücher würdest du mitnehmen wollen?

LEIHEN UND *Verleihen*

Freund*innen, Teamkolleg*innen, Nachbar*innen – du kennst Leute, die auch gerne lesen? Im besten Fall lieben sie sogar die gleichen Bücher wie du? Sehr cool, denn dann könnt ihr euch gegenseitig mit neuem Lesestoff versorgen! Ich habe mir in der Grundschule oft Bücher von zwei Freundinnen geliehen – und sie sich von mir. Wir hatten ähnliche Interessen und haben ähnlich schnell gelesen. Auch heute leihe ich mir manchmal Bücher von Freund*innen aus, oft verleihe ich auch selbst welche. Noch eine coole Idee: sich gegenseitig buchige Überraschungspakete packen. Das funktioniert auch, wenn man nicht am gleichen Ort wohnt.

Verleihst du auch manchmal Bücher? Oder eher nicht? Ich kann es voll verstehen, wenn du keine Lust hast, deine Bücher anderen zu überlassen. Neben sehr vielen guten habe ich leider auch schon ein paar schlechte Erfahrungen gemacht. Gegenseitiges Vertrauen ist beim Verleihen wichtig und ein ähnliches Verständnis, wie man mit Büchern umgehen sollte. Ich überlege deswegen genau, wem ich was leihe. Bücher, in die Autor*innen etwas hineingeschrieben haben, verleihe ich zum Beispiel nur an Personen, bei denen ich mir wirklich sicher bin, dass sie meine Schätze gut behandeln.

Wusstest du, dass manche Buchläden Lesestoff nicht nur verkaufen – sondern auch an Kinder und Jugendliche verleihen? Cool, oder? Buchläden bekommen vor dem Erscheinen nämlich von den Verlagen sogenannte *Leseexemplare* zugeschickt. Warum? Weil sie ständig entscheiden müssen, welche der vielen neuen Fantasystories, Liebesgeschichten und anderen Bücher sie in ihr Sortiment aufnehmen wollen. Aber Achtung: Wenn Buchhändler*innen dir ein Lesesexemplar ausleihen, dann erwarten sie in der Regel, dass du im Gegenzug eine Rezension schreibst und ihnen damit hilfst, sich zu entscheiden und die Bücher zu bewerben.

Tipps zum Leihen

Wenn du ein Buch ausgeliehen hast, gehe sorgfältig damit um! Ja, besser sogar, als wenn es dein eigenes wäre, denn du weißt nicht, was es der*dem anderen bedeutet. Das heißt: Mach keine Eselsohren hinein, iss nicht beim Lesen, und mach auf keinen Fall Leserillen in den Buchrücken. Das kannst du verhindern, indem du das Buch nicht aufgeschlagen mit den Seiten nach unten hinlegst, sondern ein Lesezeichen benutzt. Und gib das Buch zurück, sobald du es fertig gelesen hast. Wenn du das beachtest, wird die andere Person dir bestimmt auch zukünftig Bücher leihen.

Tipps zum Verleihen

Und wenn du selbst nach einem Buch gefragt wirst? Überleg, ob du es wirklich verleihen möchtest. Könnte man es neu beschaffen? Oder ist es vergriffen? Liebst du es, oder ist es nur irgendein Buch für dich?

Tipp Nr. 1: Verleihe an eine Person erst mal nur ein Buch – und nicht gleich fünf. Dann kannst du erst mal gucken, in welcher Verfassung es zu dir zurückkommt, bevor du ihr*ihm weitere leihst.

Tipp Nr. 2: Mache eine Liste der verliehenen Bücher mit den Buchtiteln und den Namen der Personen, denen du sie geliehen hast, und schreibe immer mit Bleistift deinen Namen vorne in die Bücher hinein.

Klassische Orte, um Bücher zu leihen, sind natürlich Bibliotheken – aus meiner Sicht eine der besten Einrichtungen der Welt. Als ich noch keinen eigenen Blog hatte, stammte der größte Teil der Bücher, die ich gelesen habe, aus der öffentlichen Bibliothek. Alle paar Tage ist meine Ma mit mir dorthin gegangen, um Nachschub zu besorgen. In Berlin haben sie coolerweise schon binnen kürzester Zeit die wichtigsten Neuerscheinungen da. Auch sehr praktisch: Man kann sich Bücher auch vormerken lassen oder für eine Gebühr aus einer anderen Bibliothek in eine Filiale in der Nähe liefern lassen. Für Kinder und Jugendliche ist die Benutzung in vielen Städten kostenlos. Auch eBooks lassen sich mit Geräten, die das ePub-Format akzeptieren, super einfach und in der Regel auch kostenlos ausleihen.

AktionsTIPP:
Frag doch mal in deinem Lieblingsbuchladen nach, ob du dir ein Leseexemplar ausleihen darfst – und biete an, eine kleine Rezension zu schreiben oder mündlich Feedback zu geben. Wie du eine Rezension schreibst, erfährst du auf Seite 51.

WIE EINE HAMBURGER BIBLIOTHEKARIN MEIN VORBILD WURDE

Die kleine Bibliothek lag im Souterrain eines Gebäudes nahe meiner Grundschule. An diesem Standort der Hamburger Bücherhallen gab es ausschließlich Kinderbücher, und im Sommer 1982, ich war gerade in die zweite Klasse gekommen, ging unsere Lehrerin mit uns dorthin. Wir lernten die drei Damen kennen, die dort arbeiteten, und bekamen von ihnen Leseausweise aus dünner Pappe überreicht. Damit durften wir uns gleich ein Buch ausleihen. Glücklich und aufgekratzt lief ich nach Hause. Wie überrascht und verzaubert war ich doch von diesem Ort! Das Buch las ich noch am gleichen Nachmittag durch und überredete meine Mutter, mit mir am nächsten Tag wieder dorthin zu gehen. Von da an waren wir regelmäßig in der Bücherhalle. Ich weiß noch, wie ich immer voller Vorfreude die Treppe hinabhüpfte. Unten setzte sich meine Mutter an einen Tisch und blickte durch die bodentiefen Fenster in den Vorgarten oder las in einer Zeitung. Ich hingegen steuerte die Bibliothekarin an, die ich besonders mochte. Leider weiß ich nicht mehr, wie sie hieß, aber ich kann mich noch sehr gut an ihr Aussehen erinnern: Sie hatte kurzes braunes Haar und dunkle Augen, die mir durch eine dicke Brille freundlich zuzwinkerten.

Jedes Mal fragte sie mich, wie mir die Bücher, die ich beim letzten Besuch mitgenommen hatte, gefallen hätten, um dann Fortsetzungsbände oder Bücher, von denen sie glaubte, dass sie mir ebenfalls gefallen würden, aus den Regalen links und rechts herauszuziehen. Alle Geschichten, die sie mir empfahl, schien sie selbst gelesen zu haben. So wuchs stets ein ordentlicher Stapel heran. Meine Mutter half mir, meine Beute in Taschen zu verstauen und nach Hause zu schleppen.

Sehr schnell wurde das Verhältnis zwischen der Bibliothekarin und mir immer vertrauter. Wir redeten über Bücher, lachten zusammen, und irgendwann begann ich, ihr meine eigenen Geschichten mitzubringen, die ich in DIN-A5-Hefte schrieb und illustrierte. Sie las alles, lobte den Inhalt und die Zeichnungen, und betonte, wie neugierig sie auf die Fortsetzung sei.

Im Nachhinein bewundere ich die Bibliothekarin sehr. Sie schaffte es nicht nur, sich die Namen und Leseinteressen vieler verschiedener Kinder zu merken, sondern war auch immer freundlich, interessiert, herzlich und sehr gut informiert.

Auch meine Eltern lasen viel und unterstützten meine Leseleidenschaft, indem sie mir Bücher kauften. Aber mit Kinderliteratur kannten sie sich nicht aus. Umso dankbarer bin ich der Bibliothekarin, die meine Lust am Lesen förderte.

Ca. 1983

Als Mirai begann, sich für das Lesen zu interessieren, nahm ich mir »meine Bibliothekarin« zum Vorbild. Ich fing an, mich über Kinderbücher zu informieren und Mirai (und später auch ihrer Schwester Juna) Titel vorzuschlagen. Und wenn ihr ein Buch oder eine Reihe gefiel, versuchte ich, etwas Ähnliches zu finden. Als Eltern die Flamme am Brennen zu halten – das ist aus meiner Sicht eine der wichtigsten Maßnahmen der Leseförderung.

Auch manche Schulen haben übrigens großartige Bibliotheken – hab ich zumindest gehört. Die an meiner ehemaligen Grundschule und an meinem Gymnasium zählen leider nicht dazu. Wie sieht es an deiner Schule mit einer Bibliothek aus? Habt ihr eine? Ist sie gut ausgestattet? Vielleicht werden noch buchbegeisterte Schüler*innen gesucht, die bei der Organisation helfen; zum Beispiel dabei, Bücher auszuwählen, die neu angeschafft werden sollen. Und wenn es noch keine Bibliothek gibt, findest du vielleicht Lehrkräfte und Schüler*innen, die Lust haben, zusammen mit dir eure Bibliothek aufzupeppen und zu einem coolen Ort zu machen, mit aktuellen Büchern, chilligen Sitzsäcken oder bequemen Sesseln. Vielleicht macht der Schulverein dafür Geld locker? Oder ihr ruft dazu auf, dass alle Familien der Schule ein neues oder aktuelles Buch spenden. (Vorsicht bei Aufrufen, gebrauchte Bücher zu spenden, sonst sitzt ihr plötzlich mit Kisten voller uralter Schinken da, lol.)

AktionsTIPP:
Finde heraus, wie es an deiner Schule um das Thema Bibliothek steht und wie du dich einbringen kannst.

BUCHIGE Plattformen, VERLOSUNGEN UND REZI-Exemplare

PLATTFORMEN

Kennst du schon die Plattformen im Netz, bei denen du Bücher kostenlos bekommen kannst? Zum Beispiel bei *Vorablesen.de*. Dort findest du einmal die Woche Lese- oder Hörproben von Büchern, die demnächst erscheinen und von denen das Vorablesen-Team in der Folgewoche bis zu 100 Exemplare verlost. Klick dich doch mal rein!

Wenn *eBooks* auch infrage kommen, dann ist *NetGalley.de* für dich interessant. Dort gibt es digitale *Leseexemplare* zum kostenlosen Download für Leute, die Bücher öffentlich besprechen (zum Beispiel als Journalist*in) oder regelmäßig mit Menschen über Bücher reden (zum Beispiel als Buchhändlerin, Bibliothekar oder Lehrkraft). Auch als Bloggerin oder Bookstagramer kannst du dich dort anmelden.

LovelyBooks ist ein soziales Büchernetzwerk und ebenfalls eine Plattform. Wer sich angemeldet hat, kann dort Rezensionen posten. Vor allem kannst du dich aber auch auf *Leserunden* bewerben. Das funktioniert so: Die Verlage überlassen LovelyBooks eine bestimmte Anzahl von Exemplaren und bestimmen eine*n Moderator*in. Oft übernehmen das die Autor*innen selbst. Mitglieder der LovelyBooks Literaturcommunity können sich online für die Teilnahme bewerben. Während der Leserunde gibt der*die Moderator*in dann die Leseabschnitte vor und stellt Fragen. So kommt ein Gespräch in Gang. Ist die Leserunde vorbei, sollte man eine Rezi auf LovelyBooks posten.

VERLOSUNGEN

Bist du schon bei *Bookstagram* aktiv? Dann ist dir vielleicht bereits aufgefallen, dass es dort regelmäßig Verlosungen von Büchern gibt – von Verlagen, Blogger*innen und manchmal auch von Autor*innen. Eine super Möglichkeit, an neue Bücher zu kommen. Mehr zu Bookstagram und wie du dort aktiv werden kannst, findest du ab Seite 108.

REZENSIONSEXEMPLARE

Du hast einen eigenen Buchblog oder Bookstagram-Account? Du postest bei YouTube oder TikTok über Bücher oder führst einen eigenen

Podcast zum Thema Lesen? Dort veröffentlichst du regelmäßig neue Inhalte und hast auch schon eine gute Zahl von Follower*innen? Dann lohnt sich der Versuch, bei Verlagen nach *Rezensionsexemplaren* zu fragen. Jeder Verlag hat zu jeder Neuerscheinung ein bestimmtes *Kontingent* von Exemplaren, die sie kostenlos an Journalist*innen und Blogger*innen vergeben. Im Gegenzug erwarten sie eine Rezension auf deinem Blog oder Kanal. Wie viele Exemplare im Kontingent sind, das ist je nach Verlag, Buch und Nachfrage unterschiedlich. Genauso wie die Aussicht, eines zu bekommen.

Einige Verlage vergeben Rezensionsexemplare über eigene Portale, so zum Beispiel Bastei Lübbe, Penguin Random House und Harper Collins. Bei den meisten funktioniert es jedoch einfach über E-Mail.

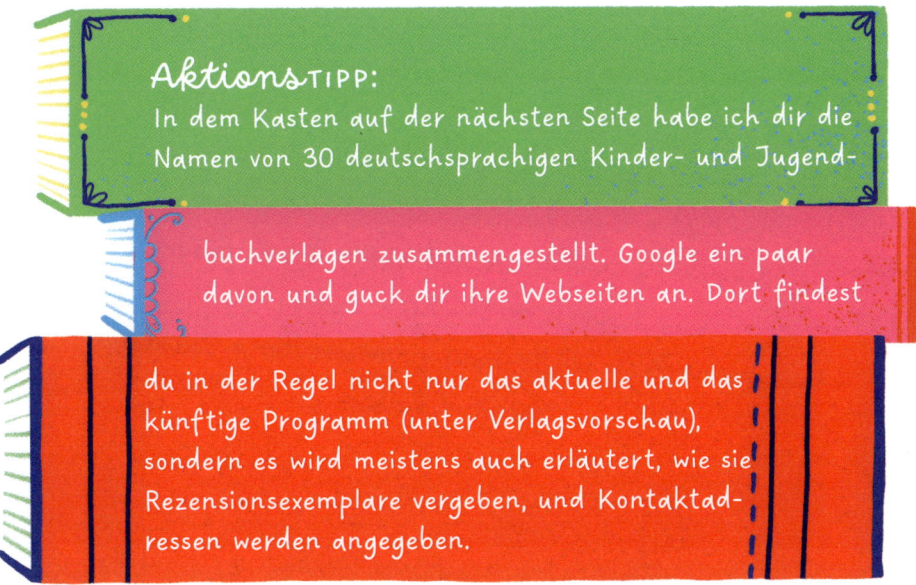

AktionsTIPP:
In dem Kasten auf der nächsten Seite habe ich dir die Namen von 30 deutschsprachigen Kinder- und Jugendbuchverlagen zusammengestellt. Google ein paar davon und guck dir ihre Webseiten an. Dort findest du in der Regel nicht nur das aktuelle und das künftige Programm (unter Verlagsvorschau), sondern es wird meistens auch erläutert, wie sie Rezensionsexemplare vergeben, und Kontaktadressen werden angegeben.

KINDER- UND JUGENDBUCHVERLAGE
VON A BIS Z

In Klammern stehen Verlage oder Imprints, die zum erstgenannten dazugehören:

Arctis (Atrium) ⋆ Arena ⋆ Ariella ⋆ ars Edition
Bastei Lübbe (ONE, Baumhaus) ⋆ Beltz und Gelberg (Gulliver)
Carlsen (Impress) ⋆ Coppenrath ⋆ dtv Junior
Edel (Karibu) ⋆ Gerstenberg ⋆ Hanser
Harper Collins (Schneider, Dragonfly)
Fischer (KJB, Sauerländer) ⋆ Klett Kinderbuch ⋆ Knesebeck
Kosmos ⋆ Leykam ⋆ Loewe ⋆ Magellan ⋆ Mixtvision
Nordsüd ⋆ Oetinger (Dressler, Migo, Moon Notes)
Penguin Random House (cbj, cbt) ⋆ Ravensburger
Rowohlt (Rotfuchs) ⋆ Südpol
Thienemann-Esslinger (Planet!) ⋆ Ueberreuter ⋆ Zuckersüß
360 Grad Verlag

Du hast dir ein Buch ausgesucht, auf der Webseite des Verlags die Mailadresse für Blogger*innen gefunden und möchtest zum ersten Mal ein Buch anfragen?

HIER MEINE TIPPS:

Nach einer netten Begrüßung stellst du dich und deinen Blog/Account/Podcast kurz vor. Lade dazu ein, deinen Content zu entdecken, und schicke dafür unbedingt den Link mit. Natürlich sollten schon ein paar Rezensionen von Büchern online sein. Vergiss außerdem nicht, die Zahl deiner Follower*innen zu nennen und vielleicht auch (bei deinem Blog) die ungefähre Zahl der täglichen Besucher*innen. Die kannst du in der Statistik der Seite nachsehen. In deiner Anfrage nennst du den Titel des Buchs oder Hörbuchs, das dich interessiert, und schreibst dazu, dass du eine Rezension planst. Falls du noch andere Möglichkeiten hast, eine Rezi zu veröffentlichen, als auf deinem Blog oder Instagram-Account (zum Beispiel bei Amazon, Thalia, LovelyBooks oder in der Zeitung deiner Schule), dann solltest du das unbedingt erwähnen. Und zum Schluss: Denk dran, deine Postadresse zu nennen!

Sehr gut möglich, dass kurz darauf eine nette Mail zurückkommt und/oder das Buch sogar schon ein paar Tage später bei dir im Briefkasten steckt. Yay! Beim Lesen solltest du jedoch nicht die Rezension vergessen. Denn Achtung! Die meisten Verlage führen Listen, in denen sie vermerken, wem sie was wann geschickt haben und was dann wann und wo dazu veröffentlicht wurde. Das heißt nicht, dass du bei einzelnen Büchern nicht auch mal auf eine Rezension verzichten kannst. Aber gerade, wenn du neu dabei bist, solltest du die Rezi schnell machen und deinen Ansprechpartner*innen im Verlag den Link schicken, sobald du sie veröffentlicht hast. Dann werden sie dir sicherlich gerne ein weiteres Buch zusenden, und es ist der Beginn einer tollen Zusammenarbeit!

HIER NOCH EIN PAAR TIPPS:
Wichtig ist, sich nicht so viele Bücher gleichzeitig zu bestellen, ansonsten wird es schnell stressig.

Wenn dein Blog noch relativ neu ist und du dich zum ersten Mal um ein Rezensionsexemplar bemühst, frage bei einem kleinen oder mittleren Verlag an (zum Beispiel Nord-Süd, 360 Grad, Knesebeck oder Mixtvision). Die haben auch richtig coole Bücher, werden aber nicht so sehr von Blogger*innen mit Anfragen bombardiert wie die großen. Darum sind deine Chancen dort besser, und du hast gleich ein Erfolgserlebnis!

Und wenn erst mal eine negative Antwort kommt? Sei nicht geknickt, und nimm es auf keinen Fall persönlich! Trau dich, nach dem Grund zu fragen, wenn keiner angegeben wird. Oft ist das Kontingent an Rezensionsexemplaren einfach erschöpft. Vielleicht hast du aber auch noch zu wenige Follower*innen. Manche Verlage haben klare Regeln, die auch auf der Webseite stehen. Carlsen verlangt zum Beispiel eine gewisse Mindestanzahl von Follower*innen und vergibt Folgebände in der Regel nur an die 50 Bloggerheld*innen. Darauf kann man sich jedes Jahr im Dezember bewerben. Solche Gruppen von besonderen Blogger*innen haben auch andere Verlage, wie zum Beispiel ONE oder Oetinger.

Aber zurück zu dir: Wenn du eine Absage bekommen hast, besorge dir das Buch in der Bibliothek, schreibe eine schöne Rezi, poste sie und schick den Link an den Verlag. Und versuch es bei einem anderen Verlag mit einem anderen Buch. Sicherlich hast du irgendwann Glück, es ist nur eine Frage der Zeit.

Wenn du bei Bookstagram aktiv bist, wirst du sehen, dass es dort öfter Aufrufe von *Selfpublisher*innen* gibt, die nach Blogger*innen suchen, die ihre Bücher lesen und besprechen möchten. Im Unterschied zu anderen Autor*innen erscheinen ihre Bücher nicht bei einem Verlag, sondern sie lassen sie selbst drucken. Oft geschieht das über Onlinedienste wie zum Beispiel Books on Demand (BoD). Viele SP-Bücher gibt es auch nur als eBook, weil die Produktion von *Prints* teuer ist. Die Gründe für Selfpublishing sind vielfältig: Manche der

Autor*innen haben keine Lust, sich von einem*r Lektor*in in ihre Arbeit hineinreden zu lassen und möchten alleine entscheiden, wie das *Cover* aussieht. Andere haben eine gute Idee, finden aber keinen Verlag, einfach weil die Konkurrenz riesig ist oder (auch das gibt es leider) ihr Text einfach nicht gut genug.

Natürlich möchten auch Selfpublisher*innen, dass ihre Bücher gelesen werden. Der Druck ist für sie megagroß, denn sie müssen vom Vertrieb bis zum Marketing alles selbst machen und finanzieren. Blogger*innen sind für sie daher sehr wichtig. Was du dabei beachten solltest: Selfpublisher*innen vergeben in der Regel eBooks, manchmal jedoch auch Printexemplare. Die müssen sie aus eigener Tasche bezahlen – 10 Euro kommen da für den Druck und Versand pro Buch schnell zusammen. Darum erwarten sie, dass du das Buch auf deinem Kanal oder Buchblog besprichst, wenn sie dir ein Exemplar schicken. Wenn du zusätzlich auch auf LovelyBooks oder Thalia eine Rezi hochlädst, freuen sie sich umso mehr.

WICHTIG:

Wenn du dich auf so einen Deal einlässt, dann solltest du dich unbedingt an die Absprachen halten. Viele Bookstagramer*innen machen das nicht, und das ist wirklich schade und irgendwie auch fies. Wenn du ein gedrucktes Exemplar »bestellt« hast, dann solltest du es auch besprechen und dabei sachlich und fair sein.

Natürlich ist es auch möglich, dass du das Buch gelesen hast, es dir aber überhaupt nicht gefällt. Statt einer negativen Rezension würdest du am liebsten gar keine verfassen. Mein Tipp: Informiere den*die Selfpublisher*in darüber (auch hier darauf achten, sachlich und fair zu bleiben), vielleicht ist er oder sie sogar froh, wenn du unter diesen Umständen auf eine Rezi verzichtest.

ABER AUCH SEHR WICHTIG:

Es ist NIEMALS Teil des Deals, dass du automatisch eine positive Rezension schreibst, nur weil du das Buch bekommen hast!

Ich selbst habe gemischte Erfahrungen mit Büchern von Selfpublisher*innen gemacht. Manche waren richtig gut und hätten auch in einem Verlag erschienen sein können, andere lasen sich holprig, und man merkte, dass das Lektorat fehlte. Am besten, du probierst es einfach aus und sammelst deine eigenen Erfahrungen.

Post von mir zu einem Buch der Selfpublisherin Luisa Strunk (mit ihr habe ich schon super gut zusammengearbeitet)

MACH DEN *Bookie*-TEST!
WAS HAST DU ALLES SCHON GETAN, UM AN NEUEN
Lesestoff ZU KOMMEN?

VOM EIGENEN *Geld* IM LADEN GEKAUFT

A.) Nie (0 Punkte)

B.) Einige wenige Male (5 Punkte)

C.) Ich trage fast mein ganzes (Taschen-)Geld dorthin (10 Punkte)

MIR *Bücher* KAUFEN LASSEN

A.) Meine Eltern kaufen mir fast jedes neue Buch, das ich haben möchte (8 Glücks-Punkte)

B.) Manchmal kann ich meine Eltern überreden. Aber dann brauche ich gute Argumente (10 Engagement-Punkte)

C.) Fast nie. Meine Eltern meinen, das soll ich mir von meinem eigenen Geld kaufen (10 Soli-Punkte für dich!)

ICH WÜNSCHE MIR BÜCHER ZUM *Geburtstag*

A.) Immer! Und ganz, ganz viele (10 Punkte)

B.) Nie, zum Geburtstag möchte ich lieber andere Sachen haben (0 Punkte)

C.) Ein Buch gehört auf jede Wunschliste (5 Punkte)

HAST DU SCHON *mal*

... EIN BUCH VON *Lovely Books* ODER *Vorablesen.de* BEKOMMEN?

A.) Einmal? Ich räume da regelmäßig ab! (10 Punkte)

B.) Ich bin zumindest schon angemeldet (5 Punkte)

C.) Von diesen Plattformen höre ich heute zum
   ersten Mal (0 Punkte)

... BÜCHER IN DER *Bibliothek* GELIEHEN?

A.) Joa, hab ich. Ist aber schon eine Weile her. Wo ist noch mal
   mein Ausweis? (5 Punkte)

B.) Na klar! Die Bibliothekarin kennt meinen Namen und hat
   schon alle Neuerscheinungen für mich parat (10 Punkte)

C.) Nie. Ich lese nur Bücher, die mir selbst gehören (0 Punkte)

Auswertung:

30-50: Wow, du tust (fast) alles, um an neuen Lesestoff zu kommen. Respekt!

20-30: Du bist echt auf einem guten Weg. Probier doch mal
   meine Tipps aus.

0-20: Hmmmm, kann es eventuell sein, dass Lesen noch nicht
   dein favourite Hobby ist? Aber was nicht ist, kann
   ja noch werden ... 😊

Buchige BÜCHER

Bist du buchverliebt? Dann gehören diese fünf Exemplare unbedingt in dein Regal 💗

1. **SILKE SCHLICHTMANN UND NILS FREYTAG:** »*Lesen ist doof*« (Hanser 2023) Lustiges Buch mit Zeichnungen von 20 verschiedenen Illustrator*innen

2. **DEBBIE TUNG:** »*Booklove – Eine Liebeserklärung an das Lesen*« (Loewe 2023) Richtig nicer Comic, in dem sich (fast) alle Lesesüchtigen wiedererkennen

3. **DANIEL NAPP:** »*Das schlaue Buch vom Büchermachen*« (Gerstenberg 2016) Tiere erklären, wie ein Buch entsteht. Klingt weird, ist aber super nett gemacht.

4. **ALAN GRATZ:** »*Amy und die geheime Bibliothek*« (Hanser 2019) Roman über ein cooles Mädchen, das nicht akzeptieren will, dass ihr Lieblingsbuch aus der Schulbibliothek verbannt wird, und darum einen geheimen Buchverleih eröffnet.

5. **SYLVIA BISHOP:** »*Das Mädchen, das im Buchladen gefunden wurde*« (KJB Fischer 2018) Spannender und lustiger Roman. Die Protas sind einfach liebenswert.

AktionsTIPP:

Gestalte dir eine Spardose selbst, zum Beispiel aus Pappmaché (in Form eines Bücherstapels?) oder beklebe ein Marmeladenglas mit buchigen Motiven. Immer wenn du Geld übrighast, legst du es da rein. So macht das Sparen für die Bücher auf deiner WuLi gleich mehr Spaß!

4.

ANDERE BOOKIES FINDEN **& DiCH vernetzen**

HIER STEHT, WIE DU DEINE *Leidenschaft* MIT *anderen* TEILEN KANNST.

In deiner Klasse tauscht ihr gerne Buchtipps aus? Mit deiner besten Freundin redest du dauernd über eure gemeinsame Lieblingsreihe? Ihr guckt zusammen BookTok-Videos oder *Reels* bei Bookstagram? Deine Kumpels feiern dich dafür, dass du ihnen oft coole Bücher leihst? Und in deinem Fußballteam finden es alle voll normal, dass du bei Spielen immer ein Buch dabeihast und in den Pausen darin liest? Ist es so bei dir? Oder eher – nicht … ?

Falls die ersten fünf Sätze auf dich zutreffen, dann erst mal herzlichen Glückwunsch! Du lebst in der absoluten Traumwelt vieler Bookies.

Auch in meiner, denn die Realität sieht leider oft anders aus. Zum Beispiel so: Deine Freund*innen interessieren sich für Pferde, Fußball, Mode, Netflix, Musik oder Zocken. Sie lesen nie oder selten. Eventuell hast du ein oder zwei Freund*innen, die auch Bücher lieben, oder die Kollegin der Schwester deiner Mutter hat einen Sohn, der auch gerne liest (und deine Ma so *Stimme überschlägt sich vor Begeisterung*: »Noch ein Junge, der gerne liest! Willst du den mal treffen??!«). Im besten Fall lassen dich die anderen in Ruhe (lesen) und akzeptieren deine Leidenschaft, auch wenn sie die nicht teilen. Vielleicht musstest du dir deswegen aber auch schon dumme Sprüche anhören, wurdest ausgelacht oder sogar gemobbt.

Wäre es nicht viel schöner, wenn du Gleichaltrige kennen würdest, die auch Bücher lieben? Ihr würdet manche gleichzeitig lesen und euch darüber austauschen (der Bookie-Fachbegriff dafür ist *Buddyread*). Ihr würdet zusammen überlegen, wer euer liebster *Bookboyfriend* oder eure liebste *Bookgirlfriend* ist, eine Szene nachspielen, wenn ihr darauf Lust habt, oder *Protas* in Büchern *shippen*. Klingt gut? Das Schöne ist: Es gibt tatsächlich andere Bücherfans in deinem Alter – du musst sie nur finden! Hier habe ich dir ein paar Tipps zusammengestellt, wo du nach ihnen suchen kannst:

BÜCHER*clubs*

Viele Buchläden (die kleineren, weniger die Filialen der großen Ketten) haben Bücherclubs für Kinder und Jugendliche eingerichtet. Wie du in Kapitel 1 schon gelesen hast, war ich selbst mal eine Zeit lang in einem, nämlich bei der »Lesecrew« des Buchseglers. Wir haben uns regelmäßig getroffen, um über Bücher zu quatschen, hatten Besuch von Autor*innen und haben gemeinsam einen Verlag und eine Buchbinderin besucht. Organisiert wurde das Ganze von der Inhaberin des Ladens. Auch Jugendzentren bieten manchmal Buchclubs an, und nicht selten gibt es auch Buch-AGs an Schulen.

Aktions TIPP:

Frag doch mal bei Buchläden in deiner Nähe, was sie
für Kinder und Jugendliche anbieten. Recherchiere
im Programm der örtlichen Jugendzentren und
erkundige dich an deiner Schule. Der Arbeitskreis

Jugendliteratur bietet mit den Literanauten in
verschiedenen Städten eigene Bücherclubs an.
Vielleicht auch in deiner? Auf der Webseite

jugendliteratur.org/wer-sind-die-literanauten/c-167 sind
alle aktuellen Standorte aufgelistet. Und wenn du gar
nicht fündig wirst? Dann gründe eine Buch-AG an

deiner Schule – vielleicht findest du eine engagierte
Lehrkraft und kennst schon ein paar Bookies aus anderen
Klassen? Oft wissen auch die Deutschlehrer*innen ganz
gut, welche ihrer Schüler*innen gerne lesen. Du könntest

auch deinem Lieblingsbuchhändler oder der lei-
tenden Pädagogin im Jugendzentrum vorschlagen,
aktiv zu werden. Viele Erwachsene sind megabegeis-
tert, wenn Kinder und Jugendliche sich fürs Lesen
engagieren wollen – und unterstützen uns gerne.

EINEN LESE-KURS ODER EINE BUCH-AG AN DER SCHULE GRÜNDEN

An Mirais Grundschule gab es eine engagierte Lehrerin, die sich sehr bemühte, alle Kinder zum Lesen zu motivieren. Zu ihrem Konzept gehörten Zettel, auf denen die Eltern ankreuzen sollten, wie lange das Kind am Tag gelesen hatte (»5 Minuten/10 Minuten«), kleine Preise für regelmäßig abgegebene Zettel sowie Bibliotheksbesuche. Damit gelang es ihr, alle Schüler*innen wenigstens ein bisschen zum Lesen zu bringen. Ich fand ihr Engagement toll, bedauerte aber auch, dass die Schule für Kinder, die bereits gerne lasen, nichts zur weiteren Förderung und Motivation anbot. Für Matheinteressierte gab es schließlich auch

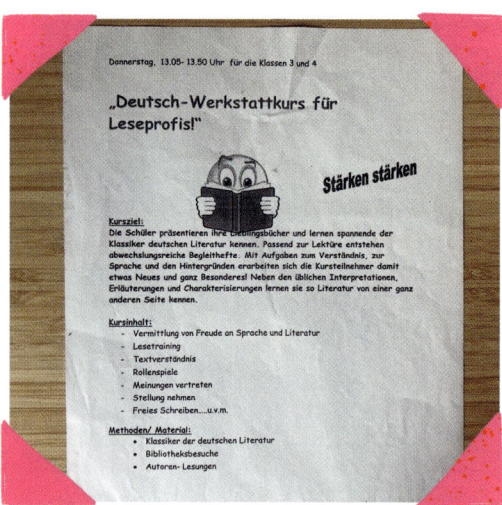

eine AG! Eines Tages sprach ich die Lehrerin darauf an. Sie bedankte sich für den Denkanstoß, und wir überlegten gemeinsam, was die Schule diesen Kindern anbieten könnte. Frau P. redete mit der Schulleiterin, und einige Wochen später ging dann tatsächlich ein »Deutsch-Werkstattkurs für Leseprofis« für Dritt- und Viertklässler*innen an den Start. Die Kinder machten Rollenspiele, stellten sich gegenseitig Bücher vor und diskutierten darüber, schrieben Rezensionen und andere Texte. Mirai war anderthalb Jahre dabei und hatte viel Spaß. Der Kurs war eines ihrer Highlights während der Grundschulzeit.

Mir hat die ganze Sache bewusst gemacht, wie wichtig es ist, dass Schüler*innen und Eltern sich trauen, Beobachtungen und Ideen zu äußern – und so dabei mithelfen, die Schule zu einem lebendigen Lernort zu machen.

BUCHmessen UND LITERATURfestivals

Wenn du neue Bücher entdecken, Autor*innen in real life sehen und mit ihnen sprechen und andere Bookies kennenlernen möchtest, dann MUSST du auf die Messen fahren. Die zwei wichtigsten sind die Frankfurter Buchmesse (FBM) und die Leipziger Buchmesse (LBM). Dort gibt es immer viele Veranstaltungen, wie zum Beispiel Lesungen, Signierstunden und Blogger*innen-Events. Sind die Veranstaltungen von den Verlagen organisiert und öffentlich, erfährst du über deren Webseiten, Newsletter und Insta-Accounts davon. Die Messen selbst bieten auf ihren Webseiten eine Übersicht über öffentliche Veranstaltungen. Darin kannst du über eine Suchmaske auch nach Namen von Autor*innen, Büchern oder Verlagen suchen.

AktionsTIPP:
Wenn du deinen Blog oder Bookstagram-Account online hast, melde dich unbedingt für die Blogger*innen-Newsletter der Verlage an, dann bekommst du Einladungen zu den speziellen Events auf den Messen. Dort wird in der Regel das nächste Programm vorgestellt (also alle Bücher, die im nächsten Frühjahr oder Herbst erscheinen), und manchmal sind auch Autor*innen eingeladen.

Die beiden großen Buchmessen finden von Mittwoch bzw. Donnerstag bis Sonntag statt. Ich selbst lasse mich für den Freitag immer von der Schule befreien – das war sogar schon so, als ich noch keinen Blog hatte. Warum? Oft ist es am Freitag leerer als am Wochenende, und an den Ständen ist nicht so viel Gedränge wie am Samstag oder Sonntag. Dort zeigen die Verlage eine Auswahl ihres aktuellen Programms; du kannst die Bücher in die Hand nehmen und angucken – und in Leipzig auch direkt am Stand oder im Messebuchladen kaufen. Meistens hat jeder Verlag einen Tresen, an dem Postkarten, Buttons und andere Goodies zum kostenlosen Mitnehmen bereitliegen. Sehr cool sind auch immer die Gewinnspiele und besondere Aktionen. Der Loewe Verlag hat auf der FBM 2022 zum Beispiel eine Schnitzeljagd zu der beliebten »Heartstopper«-Reihe veranstaltet: Die Marketing-abteilung des Verlags hatte extra für die Messe Charakterkarten zu den sechs wichtigsten Protas drucken lassen und an verschiedenen Ständen in unterschiedlichen Hallen versteckt. Wer sie haben wollte, musste dort hinlaufen und sie sich holen 😉. Manche Verlage geben sich besonders viel Mühe mit ihren Ständen, indem sie zum Beispiel eine besondere Dekoration aufbauen, die zu einem Buch oder einer Reihe passt und in der du coole Fotos machen kannst.

Mit Messemännchen (LBM 2023)

Foto-Aktion am Stand des Beltz-Verlags (LBM 2019)

Meet & Greet mit Blogger Benni Cullen (LBM 2019)

SO KOMMST DU AN DEIN *Messeticket*

Um die Messe zu besuchen, brauchst du natürlich eine Eintrittskarte. Entweder du kaufst sie dir (das geht online über die Webseite der Messe oder auch vor Ort), oder du registrierst dich vorab über die Webseite der Messe als Blogger*in und bekommst ein kostenloses Ticket. Zuvor wird aber noch überprüft, ob du wirklich als Blogger*in aktiv bist. Das Verfahren nennt sich Akkreditierung und gilt für alle, die für Presse und Medien arbeiten. Aber keine Sorge, das ist nicht kompliziert! Dafür lädst du einfach einen Nachweis im Ticketportal der Messe hoch. Das kann ein offizieller Presseausweis sein, z. B. der Jugendpresseausweis der Jugendmedienverbände oder (für Erwachsene) die Presseausweise von dju und DJV. Als Blogger*in oder Bookstagramer*in (BookTuber*in, BookToker*in oder Podcaster*in) reicht es, wenn du die URL von deinem Blog oder deinem/deinen Account(s) angibst. Wenn alles glattgeht, erhältst du kurz danach dein Freiticket!

Denk daran, dir rechtzeitig eine Unterkunft zu besorgen. Rechtzeitig heißt, sich am besten schon ein Dreivierteljahr vorher ein Hostel, Hotel oder eine Ferienwohnung zu buchen, denn in Leipzig und Frankfurt ist zu Messezeiten in der Regel fast alles ausgebucht oder mies teuer. Anders sieht es bei der BuchBerlin und der BuchBerlin Kids aus, die sind einfach (noch) nicht so bekannt.

Mit Maske
auf der FBM 2021

Meet & Greet mit Tanya Stewner
auf der FBM 2019

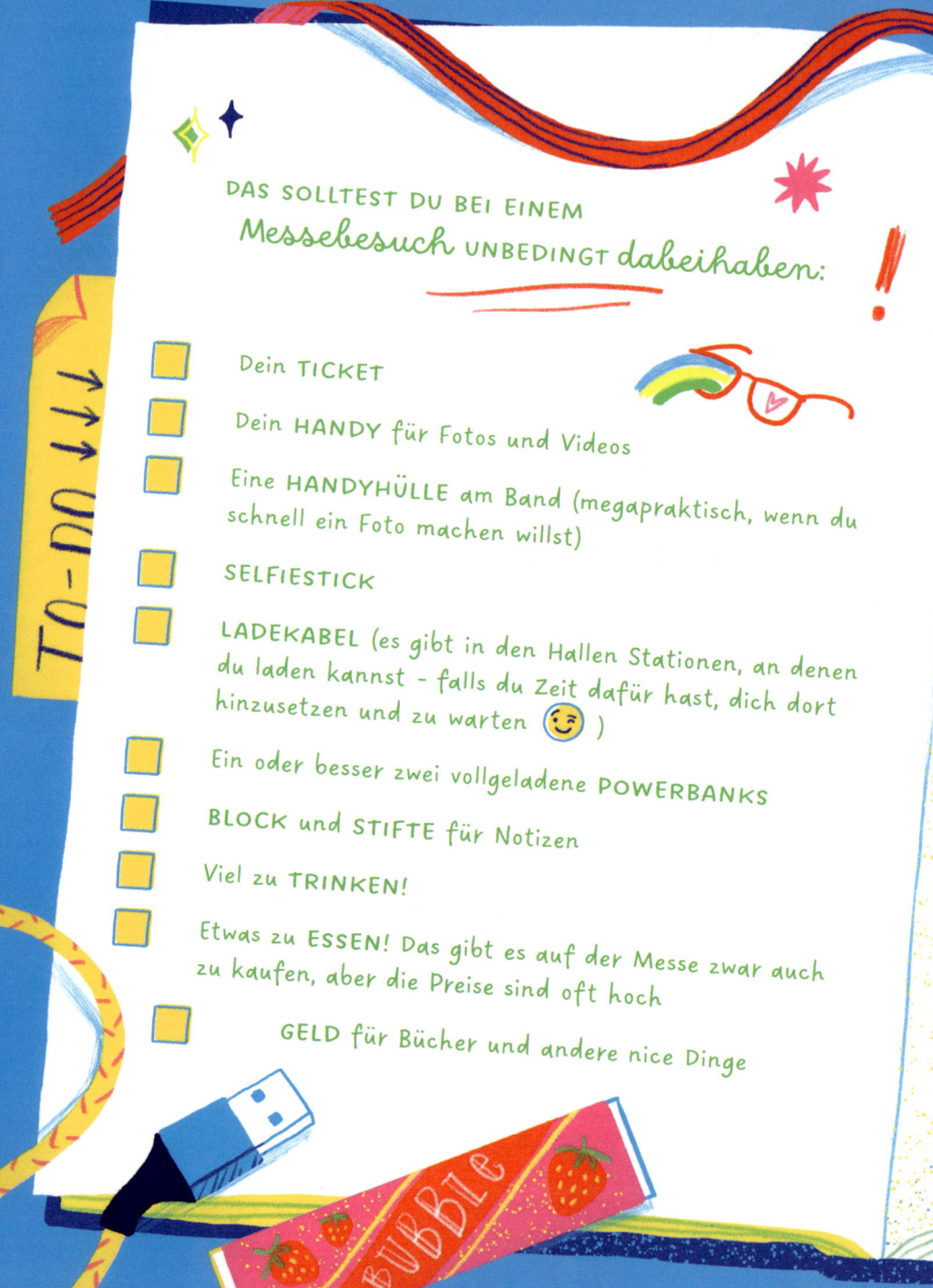

DAS SOLLTEST DU BEI EINEM
Messebesuch UNBEDINGT *dabeihaben:*

TO-DO

☐ Dein TICKET

☐ Dein HANDY für Fotos und Videos

☐ Eine HANDYHÜLLE am Band (megapraktisch, wenn du
schnell ein Foto machen willst)

☐ SELFIESTICK

☐ LADEKABEL (es gibt in den Hallen Stationen, an denen
du laden kannst - falls du Zeit dafür hast, dich dort
hinzusetzen und zu warten 😉)

☐ Ein oder besser zwei vollgeladene POWERBANKS

☐ BLOCK und STIFTE für Notizen

☐ Viel zu TRINKEN!

☐ Etwas zu ESSEN! Das gibt es auf der Messe zwar auch
zu kaufen, aber die Preise sind oft hoch

☐ GELD für Bücher und andere nice Dinge

- [ ] Eine **TASCHE** oder Tüte für Postkarten, Aufkleber, Stifte, Magazine, Schlüsselanhänger, Leseproben, Süßigkeiten und andere Goodies der Verlage. Und natürlich für deine neuen Bücher 😉

- [ ] **KLAMOTTEN:** In den Hallen ist es bei den Buchmessen meistens abartig heiß, im Außenbereich dann aber oft kühl, denn die großen Buchmessen finden im Frühjahr und Herbst statt. Zwiebellook (z. B. Shirt und Sweatjacke oder Pulli) hat sich daher bewährt, und bequeme Schuhe sind auch ein absolutes Muss, wenn du abends keine schmerzenden Füße haben möchtest

- [ ] Eine **FFP2-MASKE** (falls das Gedränge zu dicht wird – und das wird es, believe me – und du dich damit unwohl fühlst)

- [ ] Eine **ÜBERSICHT** mit deinen Terminen (Lesungen, öffentliche Talkrunden, Gespräch mit Verlag A, Blogger*innen-Meeting bei Verlag B, Interview mit Autorin X, Signierstunde mit Autor Y)

- [ ] Ein **LEERES HEFT**, in das du Autor*innen und Illustrator*innen hineinschreiben oder -zeichnen lassen kannst. Später kannst du auch Postkarten und Fotos hineinkleben – eine tolle Erinnerung für später. Ich hatte so etwas bei meinen Messebesuchen früher immer dabei

BUCHMESSE IN *Leipzig*

(findet meistens Ende März oder Ende April statt)

WAS IST DAS?

Eine der beiden großen deutschen Buchmessen

WAS MACHT SIE BESONDERS?

Viele Lesungen und andere buchige Veranstaltungen, nicht nur auf dem Messegelände, sondern zusätzlich auch in der ganzen Stadt. Viele Angebote für Kinder und Jugendliche. Parallel findet in einer Halle immer die MangaCon statt, darum sieht man sehr viele verkleidete Leute dort, was auch cool ist.

WAS LIEBE ICH DARAN?

Die ganze Atmosphäre ist total nett. Und der Pressebereich ist superchillig. Dorthin kannst du dich als Journalist*in oder Blogger*in zurückziehen, um einen Artikel oder Post zu verfassen oder dich einfach mal auszuruhen. Und Schlangen vor den Toiletten gibt es im Pressebereich auch nicht 😉. Cool finde ich außerdem, dass man auf der LBM die Bücher immer an den Ständen kaufen kann und dass die Messe vom ersten Tag an für alle geöffnet ist. Meine Lieblingsmesse!

MEHR INFOS: *leipziger-buchmesse.de*

BUCHMESSE IN *Frankfurt* AM MAIN

(findet meistens Ende Oktober statt)

WAS IST DAS?

Die 2. große Buchmesse in Deutschland

WAS MACHT SIE BESONDERS?

Man sieht noch viel mehr Promis als in Leipzig. Und aus den Verlagen sind wirklich alle da. Superwichtig zum Kontakteknüpfen – vor allem für die, die gerne ein eigenes Buch veröffentlichen möchten.

WAS LIEBE ICH DARAN?

Die Messe ist riesig und die Atmosphäre auch sehr cool. Die Verleihung des Jugendliteraturpreises ist eines meiner Highlights. Und ich finde schön, dass auch viel auf dem Außengelände der Messehallen stattfindet. In Leipzig gibt es das nicht.

MEHR INFOS: *buchmesse.de*

BUCH*Berlin* UND BUCH*Berlin* KIDS

(finden meistens im Sommer statt, getrennt voneinander)

WAS IST DAS?

3. große Buchmesse in Deutschland

WAS IST DER UNTERSCHIED ZWISCHEN EINER *Messe* UND EINEM *Literatur*FESTIVAL?

Bei einer Messe stellen Verlage ihre neuen Bücher aus, zusätzlich gibt es Lesungen und buchige Veranstaltungen. Bei Literaturfestivals sind manchmal einzelne Verlage mit einem kleinen Stand oder Büchertisch vor Ort, im Vordergrund stehen jedoch die Lesungen. Oft gibt es welche am Vormittag für Schulklassen und am Nachmittag für alle.

WAS MACHT SIE BESONDERS?

Es kommen sehr viele kleine und unabhängige Verlage, und weil es nicht so groß und voll ist, kommt man schnell mit den Autor*innen in Kontakt. Auf der BuchBerlin Kids wird viel für Kinder geboten.

Was liebe ich daran?

Die Atmosphäre ist noch persönlicher, es ist nicht so voll, und es gibt Verlage und Bücher zu entdecken, die man in Leipzig und Frankfurt nicht findet.

MEHR INFOS: *buch-berlin.de* und *buch-berlin-kids.de*

WEITERE MESSEN UND LITERATURFESTIVALS:

★ KIBUM (Oldenburger Kinder- und Jugendbuchmesse)

★ LIT.Cologne

★ Buchmesse Bern

★ Buch Wien

★ Harbour Front Festival (Hamburg)

★ BuchEntdecker-Tage (Hamburg)

★ Internationaler Comic-Salon (Erlangen)

★ Münchner Bücherschau

★ Buchfestival Olten

AktionsTIPP:

Google doch mal, ob auch in deiner Stadt ein *Literaturfestival* stattfindet. Falls nicht: Vielleicht findest du auch coole einzelne Lesungen (werden meistens von Buchläden organisiert), bei denen du eine*n Autor*in treffen, Fragen stellen und dein Buch signieren lassen kannst. Und frag doch deine Eltern mal, ob sie mit dir zur Leipziger oder Frankfurter Buchmesse fahren. Wenn du in der Nähe wohnst, kann vielleicht auch deine Schule einen Tagestrip dorthin organisieren.

Buchmessen und Literaturfestivals sind ein echtes Bookie-Paradies! Klar, denn dort laufen viele buchbegeisterte Menschen herum. Bei den großen Buchmessen gibt es auch immer Treffen verschiedener Gruppen. Tradition hat das große Bookstagram-Treffen auf der FBM, bei dem Bookstagramer*innen aller Altersgruppen zusammenkommen. Das findet meistens am Samstag auf dem Außengeländе statt und wird von einzelnen Bookstagramer*innen organisiert. Daneben gibt es auf der LBM und der FBM auch immer ein Treffen von *Young Bookstagram*. Mehr dazu erfährst du im nächsten Abschnitt. 😊

BEI *Young* BOOKSTAGRAM KANNST DU NEUE FREUND*INNEN *finden* UND DICH *vernetzen*

Wenn du bei Bookstagram aktiv bist oder werden möchtest, dann kannst du dich Young Bookstagram anschließen. Wir sind eine offene Community für Kinder und Jugendliche unter 18 Jahren. Gemeinsam mit einigen anderen Jugendlichen habe ich YB Ende 2019 gegründet. Ein Bookstagramer aus Dresden hatte mich damals gefragt, ob ich Lust hätte, mich mit ihm auf der BuchBerlin zu treffen. Ich schlug ihm vor, dass wir ja noch nach weiteren Jugendlichen bei Bookstagram suchen könnten, und postete einen Aufruf auf meinem Account @lesehexemimi. Es kamen dann noch zwei Mädchen dazu, und wir liefen zu viert über die Messe und hatten viel Spaß. Noch vor Ort richteten wir uns bei Instagram eine Chatgruppe ein. Mein Vater holte mich mit dem Auto von der Messe ab, und schon auf der Fahrt nach Hause erstellte ich den Account *@young_bookstagram* und postete das erste Bild.

Weitere Jugendliche schlossen sich an, und unsere Chatgruppe wuchs schnell auf 13 Leute. Im Januar schrieben wir dann gemeinsam einen offenen Brief zum Thema *Gendermarketing* an die Buchhandelskette Thalia, denn einige von uns hatten in einigen Filialen Tische gesehen, die nach »Jungs« und »Mädchen« sortiert waren. Das ärgerte uns sehr, denn wir fanden (und finden), dass Bücher nach Themen sortiert sein sollten und nicht nach Geschlecht (mehr zu unserer erfolgreichen Aktion gegen Gendermarketing und Thalia findest du auf Seite 233). Über unseren offenen Brief berichteten verschiedene Medien, was dazu führte, dass sich immer mehr Kinder und Jugendliche bei uns meldeten. Inzwischen gibt es mehr als 100 Mitglieder, wobei die genaue Zahl schwer zu sagen ist. Jede*r unter 18, der*die bei Bookstagram aktiv ist und sich zugehörig fühlt, ist Teil der Community. In kleinen Porträts im *Feed* des YB-Accounts (*@young_bookstagram*) können sich Jugendliche vorstellen und damit Leute auf ihren Account aufmerksam machen.

Inzwischen vernetzen wir uns nicht nur bei Instagram, sondern auch in real life – nicht nur auf den Buchmessen. In manchen Regionen, wie im Großraum Hamburg oder in Berlin/Brandenburg, organisieren wir Veranstaltungen und Aktionen. Wir treffen uns zum

Beispiel zu privaten Lesungen mit Autor*innen oder besuchen gemeinsam Literaturagenturen, Verlage, Buchläden und sogar auch schon mal einen buchigen Escape-Room. Manchmal hängen wir auch einfach zusammen ab, reden (natürlich auch, aber nicht nur) über unseren Lesestoff und tauschen Bücher. Ich habe auf diesem Weg schon viele supernette andere Jugendliche kennengelernt, die genauso gerne lesen wie ich!

Falls keine YB-Gruppe in deiner Nähe ist: Auch der Austausch über das Netz klappt super. Wir haben Chatgruppen bei Instagram und WhatsApp, schreiben uns gegenseitig aber auch private Nachrichten und kommentieren unter unseren Posts. Ein besonderes Highlight sind unsere Treffen auf den Buchmessen in Leipzig und Frankfurt (mehr zu den Messen steht weiter oben), zu denen immer viele aus der YB-Community kommen.

Wie du selbst bei Bookstagram aktiv (und damit auch ein Teil der tollen Young Bookstagram Community) werden kannst, erfährst du im nächsten Kapitel.

DIE ZIELE VON Young BOOKSTAGRAM

WIR WOLLEN:

★ Kinder und Jugendliche, die gerne lesen und bloggen, miteinander vernetzen

★ die Sichtbarkeit von Kindern und Jugendlichen bei Bookstagram erhöhen

★ Ansprechpartner*innen für Verlage und Autor*innen, aber auch für Lehrkräfte und Eltern sein, wenn sie Fragen zu einzelnen Büchern haben, Veranstaltungen machen möchten oder Buchtipps brauchen

5. HOW to BOOKSTAGRAM

IN DIESEM KAPITEL LIEST DU, WAS ES MIT *Bookstagram* AUF SICH HAT – UND WIE DU EIN *Teil* DAVON WIRST!

Vielleicht bist du auf dem Weg durch dieses Buch schon ein paarmal über das Wort *Bookstagram* gestolpert und hast dich gefragt, was das eigentlich ist. Hier kommt jetzt die Erklärung: Instagram ist ja bekanntlich eine App, bei der man Fotos und Videos hochladen kann; und der Bereich von Instagram, in dem es um Bücher geht, heißt »Bookstagram«. Autor*innen, Verlage, Buchhändler*innen, Bibliotheken, *Literaturagenturen* und vor allem megaviele Menschen jeden Alters, die einfach Bücher lieben, posten dort Beiträge rund um Bücher und ums Lesen. Wie du dieses Instagram für *Bookies* findest?

Ganz einfach: über die *Hashtags* #bookstagram und #bookstagram-germany oder auch #youngbookstagram (um Kinder und Jugendliche zu finden). Mehr zum Thema Hashtags findest du auf Seite 128.

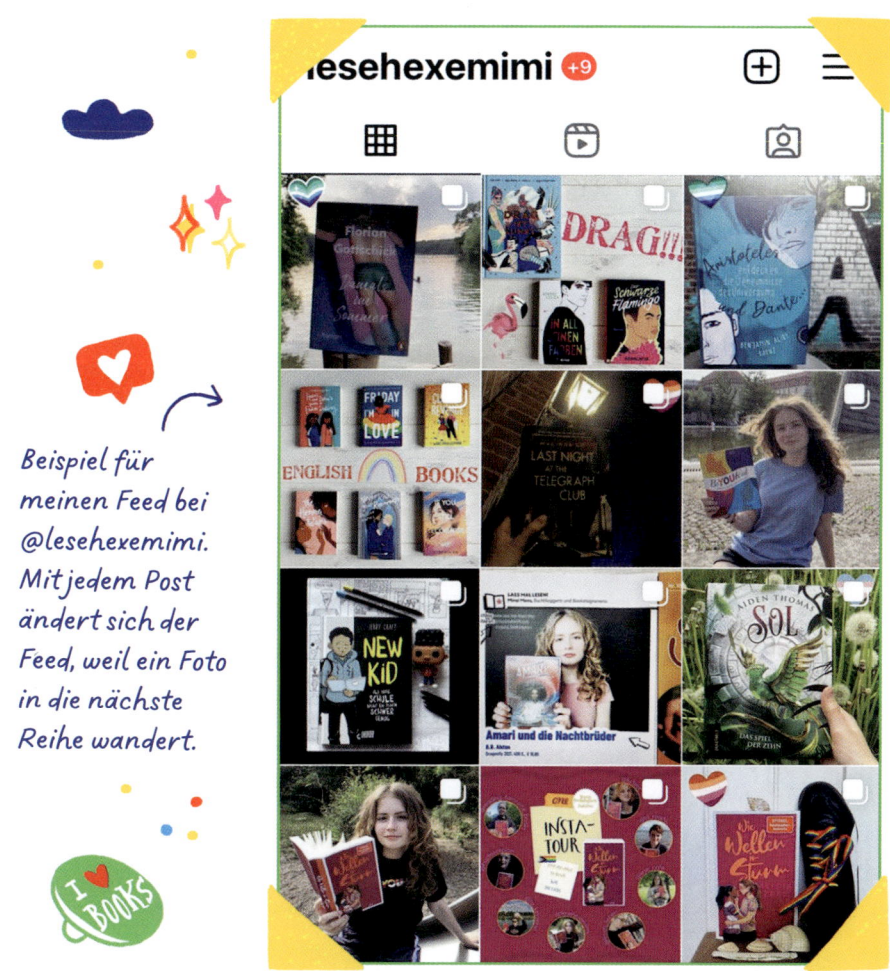

Beispiel für meinen Feed bei @lesehexemimi. Mit jedem Post ändert sich der Feed, weil ein Foto in die nächste Reihe wandert.

so überredest
DU DEINE *Eltern*

Mit Eltern ist es ja oft so: Entweder sie sind selbst auf Social Media aktiv, oder sie hatten damit bisher nichts oder kaum etwas zu tun und bekommen erst einmal einen Schreck, wenn du mit deiner Idee um die Ecke kommst. Hier ein paar Tipps:

★ Erzähl ihnen, dass es bei Instagram einen Bereich gibt, in dem es um Bücher geht. Wie cool ist das denn?

★ Erinnere sie an deine Begeisterung fürs Lesen und erkläre ihnen, dass dort oft Bücher verlost werden (Geldsparen = mega Argument!).

★ Außerdem kannst du wichtige Kontakte knüpfen. Zum Beispiel zu anderen Jugendlichen, die auch gerne lesen (finden fast alle Eltern besser als Kumpels, die dauernd zocken, oder Freundinnen, die ständig Schminktutorials bei YouTube angucken – oder andersherum) und zu Verlagen (Berufsorientierung! Karriereoption!) sowie zu bekannten Autor*innen (Glamourfaktor!).

* Vermittle ihnen, dass du etwas Gutes vorhast: Du willst deine Leidenschaft – Lesen! – auf ein neues Level heben, indem du dort deine Lieblingsbücher feierst, dein Wissen über Bücher teilst und somit andere informierst und im besten Fall sogar für das Lesen gewinnst! (Karmapunkte hoch zehn!)

* Zeig ihnen dieses Buch, das eine jugendliche Bookstagramer*in zusammen mit ihrer Ma geschrieben hat. Wie schlimm kann dieses Bookstagram sein, wenn andere Eltern ihre Kinder dort gewähren lassen oder das sogar fördern?

* Vielleicht haben deine Eltern Angst, dass seltsame Leute dir dort folgen oder deine Privatadresse herausfinden könnten. Zeig ihnen die Stellen im Buch, an denen wir über mögliche Gefahren sprechen und konkrete Sicherheitsmaßnahmen nennen (S. 115, 118, 125 und 158), oder merke dir, was wir dort geschrieben haben, und erzähle es ihnen.

* Vielleicht sorgen sich deine Eltern, dass Trolls es auf dich abgesehen haben könnten und fiese Kommentare unter deinen Posts veröffentlichen oder dir gemeine Nachrichten schicken. Das ist nachvollziehbar, denn schließlich ist Hass im Netz ein großes Thema. Die gute Nachricht: Bookstagram ist anders. Es ist eine große Community und eine supernette Bubble, in der alle aufeinander aufpassen. Ich bin jetzt seit fünfeinhalb Jahren dort aktiv und habe

diesen Bereich von Instagram immer als megafreundlich erlebt. Trolle verirren sich dort so gut wie nie hin, und Hate kommt selten vor – oder höchstens, wenn sich einzelne Bookstagramer*innen mal in die Haare bekommen.

★ Manche Leute werben auf ihren Kanälen für Produkte und verdienen damit Geld. Viele Jugendliche halten das für einen Traumjob und denken, das sei easy zu machen und bringe Spaß, fame und viel Kohle. Das ist allerdings nicht ganz richtig. Influencer*innen arbeiten in der Regel mega-viel und haben noch dazu viel Stress. Erwachsene sehen Influencer*innen oft kritisch – »keine richtige Arbeit«, »manipulieren Menschen«, »zu sehr aufs Äußere bedacht« sind zum Beispiel Aussagen, die dann oft kommen. Wenn du deine Eltern in deine Pläne einweihst, kann es sein, dass sie denken, dass du Influencer*in werden möchtest. Ganz wichtige Info: Bookstagramer*innen sind keine Influen-cer*innen, denn sie verdienen kein Geld mit dem Vorstellen von Büchern, und es geht auch nicht darum, Menschen zu manipulieren, sondern sich auszutauschen und andere fürs Lesen zu begeistern. Mehr zum Thema Geld verdienen liest du auf Seite 164/165.

★ Ebenfalls ganz wichtig: Du solltest mit deinen Eltern klären, ob du dich selbst zeigen darfst oder nicht oder zumindest eingeschränkt (z. B. von der Seite, aus größerer Entfernung oder mit Sonnenbrille). Bookstagram macht mehr Spaß, wenn man die Leute auch mal sieht, und andere fassen dann auch schneller Vertrauen zu dir. Andererseits magst du dich vielleicht nicht zeigen, oder deine Eltern haben Angst. Vielleicht fängst du erst mal mit buchigen Fotos oder Reels an und lernst Bookstagram zusammen mit deinen Eltern besser kennen. Auch wenn sie am Anfang keine Fotos von dir auf deinem Account erlauben, ist es gut möglich, dass sie ihre Meinung später ändern.

* Letzter Tipp: Schlag deinen Eltern vor, dass sie dich bei deinen ersten Schritten begleiten. Dann werden sie schnell merken, dass Bookstagram wirklich cool ist und kein bisschen gefährlich, vor allem, wenn du einige wichtige Punkte beachtest (siehe S. 115). Und ihnen bietet es die Chance, mehr über Social Media zu lernen und etwas mit dir gemeinsam zu machen. (Yay, lebenslanges Lernen! Und: family vibes!)

Aktionstipp:
Habe ich Punkte vergessen, die deine Eltern noch vorbringen könnten? Schreib sie auf und überlege, wie du sie entkräften kannst.

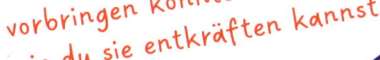

HILFE, DAS KIND WILL IN DIE SOZIALEN MEDIEN

DAS KIND WILL INS INTERNET!
Oh Schreck!!!

Ja, das habe ich kurz gedacht, als Mirai mir eröffnete, dass sie sich einen eigenen Buchblog einrichten möchte. Als Lass mal lesen! dann gestartet war, kam sehr schnell die Idee eines begleitenden Instagramkanals dazu, um darüber die Leute auf den Blog aufmerksam zu machen.

Als das im Raum stand, musste ich dann noch mal schlucken. SOCIAL MEDIA? Wait a minute ... Ich selbst hatte mich Facebook (untypisch für meine Generation) immer verwehrt, Twitter mit Unbehagen verfolgt und Instagram gekonnt ignoriert – und damit gut gelebt. Und nun? Gedanken und Fragen schossen wie Billardkugeln durch meinen Kopf. Würde Mirai fiese Kommentare von *Trolls* bekommen? Würden irgendwelche viel-zu-alten Typen Kontakt zu ihr aufnehmen wollen? Ihr vielleicht sogar eklige Dickpics schicken? Denn es war schnell klar, dass unsere Elfjährige nicht nur Fotos von Büchern posten wollte, sondern auch von Büchern UND sich selbst.

Wir überlegten und beschlossen schließlich, es auszuprobieren, legten aber gemeinsam einige Vorsichtsmaßnahmen fest:

1. Keine Bikinifotos und keine Bilder, die sie später einmal bereuen würde

2. Keine private E-Mail-Adresse auf dem Blog – wir legten eine neue Adresse extra für diesen Zweck an

3. Kein Nachname (dass dieser dann später doch öffentlich wurde, hatte mit Mirais steigender Bekanntheit und dem Gewinn des deutschen Lesepreises zu tun)

4. Keine private Postadresse

5. Nicht zu viel Persönliches verraten

6. Wenn Mirai etwas komisch vorkommt, sagt sie mir sofort Bescheid, und wir gucken uns das gemeinsam an

Ich muss zugeben, dass ich die ersten Mails, die an die neue Adresse kamen und die ich in den ersten zwei Jahren (nach Rücksprache mit Mirai) auch immer als Erste las, mit einer gewissen Nervosität öffnete. Aber bis heute – toi, toi, toi – gab es nichts, was uns ernsthaft schockiert hätte. Einmal schrieb ihr ein Mann, dass er sie gerne treffen und »interviewen« würde – ohne dabei ein Medium oder einen Zweck zu nennen. Das fanden wir seltsam. Darum schrieb ich ihm zurück, dass Mirai keine Zeit habe, und unterschrieb die Nachricht mit »Mirais Mama«. Er hat sich nie wieder gemeldet. Und auch die anderen Befürchtungen erwiesen sich – zum Glück – als grundlos. Nichts davon trat ein. Nun ist ein Buchblog in der Regel auch nicht so bedeutend, als dass allzu viele Menschen (zumal, wenn sie sich nicht für Bücher interessieren) ihn wahrnehmen würden. Aber auch bei Instagram blieben die Hasskommentare oder unerwünschte Annäherungsversuche weitgehend aus.

Ich bin Mirai sehr dankbar, dass sie mich dazu gebracht hat, mich so intensiv mit Instagram zu beschäftigen. Denn da sie damals erst 11 Jahre alt war, musste ich meine Komfortzone verlassen und sie dabei begleiten. Und so haben wir gemeinsam viel über Instagram und die Spielregeln von Social Media gelernt. Ohne Mirais Bookstagram-Engagement hätte ich dieses Wissen heute wahrscheinlich nicht.

UNTERSCHIEDE ZWISCHEN BOOKSTAGRAM UND INSTAGRAM

Möglicherweise bist du schon längst bei Instagram aktiv und tauschst dich dort mit Freund*innen aus. Ich selbst habe neben meinem buchigen Account auch einen privaten, auf dem ich zum Beispiel Fotos von Partys oder aus dem Urlaub poste, und mir fällt oft auf, dass es einige wichtige Unterschiede zwischen »Instagram allgemein« und Bookstagram gibt:

PRIVAT VS. ÖFFENTLICH:

Mein anderer Account ist auf privat gestellt – wer mir dort folgen möchte, muss eine Anfrage stellen, die ich dann entweder annehme oder ablehne. Alle anderen sehen nur mein Profilfoto und meine *Bio*. Mein Bookstagram-Account *@lesehexemimi* ist dagegen öffentlich. Das heißt, jede*r kann sehen, was ich dort poste (mehr dazu liest du auf Seite 118).

DIE BIO:

In der Bio deines Accounts kannst du in bis zu 150 Zeichen erzählen, wer du bist. Bei meinem privaten Account steht dort relativ wenig. Na klar, denn die meisten Leute, die mir dort folgen, kennen mich ja sowieso. Bei *@lesehexemimi* gibt es dagegen viel mehr Informationen zu mir und meinen Interessen, denn es kommen viele Leute auf mein *Profil*, die mich noch nie im wirklichen Leben getroffen haben und gar nichts über mich wissen. (Mehr Infos zur Gestaltung deiner Bookstagram-Bio findest du auf Seite 126.)

CAPTION:

Der Text, der unter einem Foto steht, wird »Caption« genannt. Für so eine *Caption* stellt Instagram maximal 2200 Zeichen zur Verfügung.

Bei Accounts, auf denen Leute einfach Fotos aus ihrem Leben zeigen, stehen oft nur ein oder zwei Sätze unter den Fotos. Bei Bookstagram sind die Texte hingegen viel länger. Manche nutzen sogar die *Kommentare*, um noch ausführlichere Rezis schreiben zu können.

COMMUNITY:

Auf deinem privaten Account folgen dir wahrscheinlich Freund*innen, Mitschüler*innen und Bekannte. Die allermeisten deiner Follower*innen hast du also schon mal persönlich getroffen oder kennst sie sogar sehr gut. Bei Bookstagram kommst du hingegen mit Leuten in Kontakt, die du wahrscheinlich noch nie gesehen hast und von denen du nichts weißt. Ja, genau genommen weißt du noch nicht mal, ob sich hinter der Identität wirklich die Person verbirgt, die sie vorgibt zu sein. Darum solltest du hier generell ein bisschen vorsichtig sein und zum Beispiel nicht deine Adresse oder Telefonnummer preisgeben, es sei denn, du folgst der Person schon eine Weile, kennst Fotos von ihr, hast ihre Stimme in Sprachnachrichten oder Videos gehört (und dabei gemerkt, dass sie tatsächlich etwa in deinem Alter ist) oder sie sogar schon persönlich getroffen. Gleichzeitig ist es eine Community, also eine Gruppe von Menschen mit einem gleichen Interesse (Bücher! Lesen!). Darum tauschen sich viele untereinander über *Direktnachrichten (DM = Direct Message)* aus, kommentieren unter den Posts von anderen, *taggen* (auch *markieren* genannt) sich gegenseitig und so weiter. Der Communitygedanke ist hier viel stärker, und darum gibt es auch viel mehr Austausch mit anderen.

Kommentieren und Nachrichten schreiben gibt es bei Privataccounts natürlich auch, aber meine persönliche Erfahrung ist, dass das bei Bookstagram viel mehr genutzt wird.

HASHTAGS:
Ein Wort kombiniert mit einem vorangestellten Rautezeichen nennt man Hashtag. Auf öffentlichen Accounts in einer Community wie Bookstagram spielen sie eine viel größere Rolle als bei Privataccounts. (Mehr dazu auf S. 128.)

Schritt FÜR *Schritt* ZUM EIGENEN BOOKSTAGRAM-ACCOUNT

Vorab ganz wichtig: Kläre erst einmal mit deinen Eltern, ob du dir Instagram herunterladen darfst. Einige gute Argumente dafür hast du schon in dem Kasten »So überredest du deine Eltern« auf den Seiten 110 bis 113 gelesen. Du konntest dir die App herunterladen? Hier erfährst du nun, wie du dir deinen eigenen Account einrichtest:

1. Tippe auf »Registrieren«

2. Wähle aus, ob du dich mit deiner E-Mail-Adresse oder einer Telefonnummer anmelden willst. Mein Tipp: Nimm das, bei

dem du davon ausgehen kannst, dass du es auch in zwei Jahren noch hast. Trage die erforderlichen Daten ein und tippe auf »weiter«.

3. Gib deinen vollständigen Namen (ist später nicht öffentlich sichtbar) und ein Passwort ein. Achte dabei darauf, dass du ein sicheres Passwort auswählst (es sollte aus mindestens 8 Zeichen bestehen und Groß- und Kleinbuchstaben, Zahlen und Sonderzeichen enthalten) und es dir irgendwo notierst, wo du es (ganz wichtig!) später auch wiederfindest. Achtung: Falls du jünger als 13 Jahre bist, sollte eines deiner Elternteile den Account unter seinen*ihren Daten eintragen, denn Instagram ist offiziell erst ab 13.

4. Stelle dein Geburtsdatum ein (bzw. das deines Elternteils).

5. Anschließend legst du deinen Benutzer*innen-Namen fest. Auf der nächsten Seite findest du einige Tipps, wie du einen guten Namen findest.

6. Lade ein Foto oder eine Illustration als Profilbild hoch. Dieses wird anderen Nutzer*innen oft angezeigt, zum Beispiel bei Nachrichten, Kommentaren, wenn du etwas likst etc. Wähle daher ein lustiges, schönes und im besten Fall etwas auffälliges Bild. Oder auch ein buchiges Motiv, damit klar ist, worum

es auf deinem Account geht. Dein Profilbild kannst du leicht ändern, wenn es dir nicht mehr gefällt.

Herzlichen Glückwunsch – du hast es geschafft! Dein Account ist eingerichtet! Damit ist der erste Schritt zu deinem neuen Leben als Bookstagramer*in getan! Nun geht's ans *Finetuning* und dann weiter zu deinem ersten eigenen Post!

SO FINDEST DU EINEN *guten* NAMEN

Der Name deines Accounts ist wichtig, denn daran werden dich andere künftig erkennen und durch ihn werden sie sich an dich erinnern. Vielleicht hast du auch Lust, schon im Namen zu zeigen, worum es auf deinem Account geht. Hier sind ein paar Beispiele für buchige Accountnamen:

@writtenbetweenthelines ★ @lesemagier ★ @lesen_lieben
@lu.liest @bookish_colibri ★ @magda_loves_books
@buchskorpion ★ @dancing_through_the_pages
@marthas_buecherregal ★ @buchhueter ★ @leseraupe.at
@lesenrockt

Vier TIPPS

1. Suche dir einen Namen, der keinem anderen zu ähnlich ist. Denn zum einen ist die Verwechselungsgefahr groß, und zum anderen ist es für die andere Person nicht nice, wenn plötzlich ein Account auftaucht, der fast so heißt wie der eigene.

2. Vielleicht hast du ein Lieblingstier, ein Lieblingsgetränk, eine Farbe oder ein Hobby, das du mit in den Namen integrieren kannst?

3. Verzichte auf allzu viele Punkte und Unterstriche im Namen, denn wenn Leute deinen Account taggen wollen, können die hinderlich sein.

4. Keine Panik, wenn dir erst mal kein guter Name einfällt, mit dem du so richtig zufrieden bist. Den Namen kannst du später ganz leicht ändern.

IT'S *private*, BABY! WELCHE EINSTELLUNGEN ES GIBT UND WIESO DIE *sinnvoll* SEIN KÖNNEN

Unter »Einstellungen« bietet Instagram jede Menge Möglichkeiten, dich zu schützen. Am besten, du klickst dich dort mal durch. Einige Einstellungen habe ich hier für dich aufgelistet (Stand: April 2023).

PRIVATER ACCOUNT:

Du kannst deinen Account auf »privat« stellen, dann können nur Leute deine Posts sehen, die dir folgen. Dafür müssen sie dir eine Anfrage stellen, die du annehmen musst oder natürlich auch ablehnen kannst. Wichtig: Um wirklich Teil der Bookstagram-Community zu sein, brauchst du einen öffentlichen Account, damit andere Bookies, aber auch Verlage und Autor*innen deine Beiträge sehen können.

AKTIVITÄTSSTATUS (ZU FINDEN BEI »EINSTELLUNGEN-PRIVATSPHÄRE-AKTIVITÄTSSTATUS«):

Aus meiner Sicht eine ganz wichtige Einstellung. Wenn du ihn aktiviert lässt, können Leute, mit denen du schreibst, sehen, ob du gerade online bist (wird durch einen grünen Punkt angezeigt) und wann du zuletzt online warst. Bei einem privaten Account ergibt das Sinn. Bei Bookstagram würde ich den Status deaktivieren. Denn was geht es fremde Leute an, wann du bei Insta aktiv bist? Falls du mehrere Accounts hast: Du musst den Aktivitätsstatus für jeden einzelnen extra deaktivieren.

KOMMENTARE:

Du kannst einstellen, welche Personen oder Gruppen von Accounts deine Beiträge kommentieren dürfen. Macht aus meiner Sicht nur Sinn, wenn du mit bestimmten Leuten/Gruppen Ärger hast, was bei Bookstagram unwahrscheinlich ist. Du kannst auch einzelne Personen einschränken, dann sind ihre Kommentare unter deinen Beiträgen nicht mehr öffentlich sichtbar, und ihre Nachrichten landen automatisch im Anfragen-Ordner.

MARKIEREN:

Du kannst einstellen, wer dich auf Fotos markieren darf: Jede*r oder Personen, denen du folgst, oder auch niemand. Aus meiner Sicht ist das eine Funktion, die vor allem für Promis interessant ist oder für Leute, die mit anderen Ärger haben. Da dein Bookstagram-Account neu ist, profitierst du davon, wenn andere dich markieren. Darum solltest du erlauben, dass jede*r dich markieren darf. »Erwähnungen« ist quasi das Gleiche, nur dass du dort einschränken kannst, wer dich in Kommentaren und *Captions taggen* darf.

GEFÄLLT MIR-ANGABEN VERBERGEN:

Normalerweise ist es so, dass Instagram öffentlich anzeigt, wie viele Leute deinen Post gelikt haben. Wenn du merkst, dass dich diese Angabe stresst oder du dich zu sehr mit anderen vergleichst, dann kannst du diese Funktion deaktivieren (bei einzelnen Posts oben rechts auf die drei Punkte klicken und es dann entsprechend auswählen oder für alle über »Einstellungen – Privatsphäre – Beiträge«). Statt zum Beispiel »gefällt @lesehexemimi und 100 weiteren Personen« steht dann unter deinem Post »gefällt @lesehexemimi und weiteren Personen«. Du selbst kannst übrigens immer nachsehen, wie viele Leute deinen Post gelikt haben.

STORIES VERBERGEN UND ENGE FREUND*INNEN FESTLEGEN:

Du kannst unter »Einstellungen – Privatsphäre – Story« einzelne Accounts festlegen, die deine Stories nicht sehen dürfen.

Direkt darunter kannst du »enge Freund*innen« aussuchen. Wenn du eine *Story* machst, kannst du entscheiden, ob es eine allgemeine Story wird, die prinzipiell alle Leute sehen können, oder eine nur für deine Freund*innen.

NACHRICHTEN:

Grundsätzlich ist es so, dass Leute, denen du folgst oder mit denen du bereits geschrieben hast, dir persönliche Nachrichten (»DMs«) schicken können. Nachrichten von anderen Leuten landen im »Anfragen«-Ordner, den du extra anklicken musst, um sie zu sehen. Es gibt Möglichkeiten, das noch weiter einzuschränken (zum Beispiel, dass überhaupt keine*r dir Nachrichten schicken kann). Manche super bekannte Autori*innen nutzen diese Funktion. Für dich als neue*r Bookstagramer*in macht sie aber keinen Sinn, denn du möchtest ja Teil der Community werden und dich mit anderen austauschen.

Wenn du deinen Account eingerichtet, die für dich wichtigen Einstellungen vorgenommen und ein Profilfoto hochgeladen hast, ist der nächste Schritt, deine Bio zu schreiben. Die Bio (auch »Profil« genannt, wobei Achtung: Als *Profil* wird manchmal auch der ganze Account bezeichnet – verwirrend, I know) ist total wichtig, denn dort erfahren die Leute, wer du bist und was dich interessiert. Zum Beispiel: Buchblogger*in, Lieblingsgenres (zum BeispielFantasy), Alter, andere Hobbys, dein *currently reading*, die Zahl der in diesem Jahr gelesenen Bücher oder was du sonst noch alles über dich verraten möchtest. Wenn du dich als Teil von *Young Bookstagram* siehst, kannst du das auch hier vermerken.

Profil am 02. Juli 2023

Viele Bookstagramer*innen schreiben hier auch ihre *Pronomen* hinein: z. B. sie/ihr, er/ihm oder auch they/them. So wissen andere, wie du angesprochen werden möchtest. Wenn viele Menschen ihre Pronomen in der Bio bei Instagram oder auch in der Signatur unter ihren Mails angeben und sich bei ihrer ersten persönlichen Begegnung gegenseitig nach ihren Pronomen fragen oder sich damit vorstellen, haben es zum Beispiel *trans** Menschen oder Personen, die *nicht-binär* sind – sich also weder als weiblich noch als männlich verstehen oder als männlich UND weiblich –, einfacher, anderen ihre Geschlechtsidentität mitzuteilen.

ACHTUNG:

Keinesfalls solltest du in der Bio allzu private Daten (zum Beispiel deine Postadresse oder den Namen deiner Schule) preisgeben. Wenn du in einer großen Stadt wie München wohnst, spricht nichts dagegen, »München« in die Bio zu schreiben, bei einer Kleinstadt oder einem Dorf kannst du auch einfach nur das Bundesland nennen oder gar keine geografische Angabe machen.

Und auch ganz wichtig: Wenn du unter 13 Jahre alt bist, sollte unbedingt ganz deutlich »Elterngeführter Account« in deiner Bio stehen, denn Instagram hat solche Accounts in der Vergangenheit manchmal schon gelöscht oder dauerhaft blockiert, sodass sie keinen Zugriff mehr darauf hatten. Ohne Vorankündigung! Für die Betroffenen war das megaärgerlich, denn sie hatten schon sehr viel Zeit und Arbeit in ihre Posts gesteckt.

Wenn du einen Blog hast, trage in der Bio unbedingt den Link zur dazugehörigen Webseite ein. Damit die Bio schöner aussieht, kannst du zum Beispiel auch bunte und passende Emojis einsetzen oder eine andere Schriftart benutzen (wie das geht, erfährst du auf Seite 151).

HASHTAGS: Was ist das, und warum sind sie wichtig?

Wie bereits weiter oben kurz erklärt: Ein Wort kombiniert mit einem vorangestellten Rautezeichen nennt man *Hashtag*. Man schreibt sie unter den Post. Hashtags sind in den sozialen Medien megawichtig, weil sie uns helfen, Beiträge zu bestimmten Themen zu finden. Manchmal sind sie auch das Tor zu ganzen Welten, so wie zu Bookstagram. Probiere diese Hashtags mal bei Instagram aus, und guck, was du entdeckst:

#bookstagram ★ #bookstagramgermany ★ #youngbookstagram

Wenn du über diese Hashtags Accounts gefunden hast, die dir gefallen und denen du folgen möchtest, kannst du nachsehen, wem diese Personen wiederum folgen, und so weitere coole Accounts entdecken. Hashtags kannst du übrigens auch abonnieren. Dann bekommst du jeden Beitrag mit diesem Hashtag automatisch angezeigt, sobald er online geht.

 TIPP: Wenn du bei Bookstagram nicht nur mitlesen, sondern auch aktiver Teil der Community sein möchtest, dann schreibe unter deine eigenen Posts unbedingt die Hashtags #Bookstagram, #Bookstagramgermany, #instabooks und #instabook. Kinder und Jugendliche nutzen oft zusätzlich auch

den Hashtag #youngbookstagram. Außerdem macht es Sinn, weitere Hashtags einzusetzen, zum Beispiel den Namen deines Accounts (bei mir #lesehexemimi) oder auch #kinderbuch, #jugendbuch, den Namen des Genres (#fantasy), des Verlags (z. B. #one_verlag) und der Autorin (z. B. #MiraiMens, falls du dieses Buch hier vorstellen möchtest). Manche nutzen auch Hashtags wie #booklove oder #bücherliebe.

ANDERE Accounts TAGGEN

Von *taggen* oder auch *markieren* (die Begriffe bedeuten beide das Gleiche) spricht man, wenn du den Namen eines anderen Accounts zusammen mit dem @-Zeichen in deine Posts oder Stories schreibst. Du kannst andere Accounts in der *Caption* markieren oder im Foto oder in der *Story* oder in Kommentaren. Wenn du möchtest, dass ein Verlag oder ein*e Autor*in deinen Post sieht (oder Leute, von denen du glaubst, dass dein Post für sie interessant sein könnte), dann solltest du sie markieren. Ein weiterer Vorteil: Hast du eine Person in deiner Story markiert, kann sie deine Story in ihrer eigenen Story reposten, was sonst nicht möglich ist. Aber vorsichtig: Markiere nicht random und zu oft irgendwelche Leute, die bekommen dann nämlich Push-Nachrichten wie »XY hat einen Beitrag kommentiert, in dem du markiert wurdest«, und das kann echt nerven. Viele Promis, wie zum Beispiel der bekannte Autor Rick Riordan, haben diese Funktion deswegen komplett deaktiviert (siehe auch den Abschnitt zu Einstellungen auf S. 124).

So, jetzt hast du dir deinen Account eingerichtet und weißt auch schon einige weitere Dinge über Bookstagram. Nun geht's an deinen ersten Post, yay!

WAS GIBT ES *überhaupt* FÜR POSTS?

Es gibt bei Bookstagram megaviele Möglichkeiten, deine Buchbegeisterung mit der Community zu teilen. Grundsätzlich unterscheidet man drei verschiedene Formen von Posts:

1. *Fotobeiträge:* Sie erscheinen in deinem *Feed*.

2. *Reels:* So werden bei Instagram Videos genannt. Du kannst sie nur unter Reels posten oder zusätzlich auch in deinem Feed.

3. *Stories:* Sie erscheinen nicht im Feed, sondern können angesehen werden, wenn man auf dein Profilfoto klickt. In der Leiste oben wird angezeigt, welche der Accounts, denen du folgst,

---

7) Die Zeichnungen entsprechen dem Stand von Frühjahr 2023. Instagram ändert die Anordnung der Features ab und zu mal.

SO findest DU DICH BEI Instagram ZURECHT[7]

Herz: *Hier siehst du, wer bei dir kürzlich etwas gelikt hat oder dir neu folgt.*

Papierflieger: *Hier kommst du zu den Nachrichten und kannst auch selbst welche verschicken.*

Stories: *Stories von Leuten, denen du folgst. Diese verschwinden nach 24 Stunden.*

Dein eigenes Profilbild in Mini: *Du siehst deine Bio, deine Highlights, deine Story (falls du an dem Tag eine gepostet hast) und deinen eigenen Feed mit deinen Fotos (Zeichen links) oder deinen Reels (Zeichen mit der Filmklappe) und Fotos, in denen du getaggt wurdest (Symbol rechts).*

Homescreen/Häuschen: *Hier werden Beiträge von Leuten angezeigt, denen du folgst, oder nur von deinen Favorit*innen (kannst du festlegen).*

Suchscreen/Lupe: *Hier zeigt dir Instagram Beiträge an, von denen der Algorithmus annimmt, dass sie dir gefallen könnten oder die gerade besonders beliebt sind.*

Plus-Zeichen: *Hier kannst du neue Fotobeiträge, Reels und Stories erstellen.*

Filmklappe mit Pfeil: *Hier werden dir random Reels angezeigt (auch von Leuten, denen du nicht folgst). Mit Bookstagram haben die meisten nichts zu tun.*

gerade eine neue Story online haben. Die Stories verschwinden nach 24 Stunden automatisch. Hinter den drei Strichen rechts oben in der Ecke verbirgt sich jedoch ein Archiv. Dort kannst du deine eigenen alten Stories auch später noch ansehen. Wenn du häufiger zu bestimmten Themen Stories machst, kannst du dazu auch jeweils ein Story-Highlight einrichten, zum Beispiel »Fantasybücher« oder »Lesungen«. Diese sind dann auf deinem Profil unter deiner Bio zu sehen, und du kannst deine Stories in das jeweilige Highlight einsortieren. Das geht ganz einfach, indem du unten in der Story auf den Highlight-Button klickst. Dann werden dir deine Highlights angezeigt, und du wählst eines aus oder richtest ein neues ein. In den Highlights sind die Stories dann so lange zu sehen, bis du sie dort wieder löschst.

Hier mal ein paar typische Posts für Fotos oder Reels bei Bookstagram:

LESEMONAT:

Du zeigst alle Bücher, die du im letzten Monat gelesen hast, und schreibst in der *Caption*, wie du sie fandest.

VORSTELLUNGSPOST:

Du schreibst ein paar Facts über dich in die Caption, die für deine (künftigen) Follower*innen interessant sein könnten, zum Beispiel dein Alter, deine Hobbys, Haustiere, buchige Vorlieben oder Funfacts zu deiner Person. Solche Posts bieten sich vor allem an, wenn dein Account neu ist. Du könntest ein Foto von dir dazu posten oder einfach irgendein cooles Bild.

NEW ARRIVALS:

Du präsentierst auf einem Foto alle deine neuen Bücher (egal ob selbst gekauft, geschenkt oder Rezensionsexemplare).

SHELFIE:

Shelfie ist ein Mixwort aus »Selfie« und »Bookshelf«. Darunter versteht man ein Foto oder ein Video von deinem Bücherregal.

BUCHTIPP ODER REZENSION:

Du stellst ein Buch etwas ausführlicher vor.

GEWINNSPIEL ODER GIVEAWAY:

Wenn du ein Buch zum Beispiel doppelt hast, kannst du es verlosen.

FRAGEPOST:

Zu einem buchigen Foto stellst du eine Frage wie z. B.: »Was war das traurigste/lustigste Buch, das du zuletzt gelesen hast?« Natürlich erzählst du in deinem Post auch selbst etwas dazu.

SPASSIGE ODER SCHÖNE FOTOS ODER REELS ZU BÜCHERN ODER ZUM LESEN ALLGEMEIN

scan mich!

Wie KANN ICH POSTS *ändern* ODER LÖSCHEN?

Wenn du bei deinem Beitrag rechts oben auf die drei Punkte in der Ecke klickst und dann auf »Bearbeiten«, kannst du die Caption ändern und im Foto zusätzliche Personen markieren. Auch einzelne Fotos kannst du löschen, allerdings nicht das erste. Du kannst auch den ganzen Post löschen oder ihn archivieren. Dann können ihn andere nicht mehr sehen. Das Archivieren kannst du auch wieder rückgängig machen.

Neben den Posts im Feed spielen auch Stories bei Bookstagram eine sehr große Rolle. Dort kannst du Spiele veranstalten, Fragerunden (»Was machst du gerade?«) oder Abstimmungen (»Liest du jedes Buch zu Ende?«). Du kannst auf deinen neuesten Post aufmerksam machen, damit noch mehr Leute dort vorbeikommen, oder Fotos und Reels von anderen reposten. Das funktioniert, indem du unter dem jeweiligen Beitrag auf den kleinen Papierflieger klickst. Wer in deiner Story dann auf das Bild klickt, kommt direkt zu dem jeweiligen Post der anderen Person. Und wenn du deinen eigenen neuen Post bewerben willst, klickst du auch dafür bei deinem Post einfach auf den Papierflieger!

In den Stories kannst du dich auch selbst zeigen, zum Beispiel, was du gerade machst oder welches Buch du gerade liest. Du kannst aus deinem privaten Leben erzählen oder von Veranstaltungen berichten, z. B. von Buchmessen oder Lesungen.

Gestalten lassen sich Stories bei Instagram übrigens auch ganz individuell: Du kannst lustige oder einfach passende *GIFs* einsetzen, Musik unterlegen, Filter benutzen, Collagen basteln oder Text in verschiedenen Schriftarten einsetzen. Guck doch mal, was andere so machen, und probiere aus, was Instagram zu bieten hat.

Übrigens: Stories sind auch super für *Unpackings*! Das heißt einfach, dass du ein Video machst, während du ein buchiges Paket auspackst und den Inhalt zeigst. Alternativ kannst du in der Story auch Fotos vom Unpacking posten.

Manchmal verschicken Verlage große Pakete (»Bloggerpakete«), die neben dem Buch auch noch besondere Goodies enthalten. Hier sind solche Unpackings besonders sinnvoll (und werden von den Verlagen meistens auch erwartet).

AktionsTIPP:
Welche Art von Posts möchtest du als Erstes ausprobieren? Hast du Ideen für Posts, die ich oben nicht genannt habe? Lass dich bei Bookstagram inspirieren und notiere deine Beobachtungen und Ideen.

Dinge, DIE ICH SCHON ZUGESCHICKT bekommen HABE:

* riesige schwarze Flügel mit Federn
* Fläschchen mit getrockneten Blüten
* die Nachbildung eines menschlichen Herzens 3D-gedruckt
* Armband mit Anhänger in Form eines Schlüssels
* Kette mit Bienen-anhänger
* Schneekugel
* Becher
* T-Shirts
* Schwarze Perücke
* Mini-Gespenst aus Filz
* Zum Buch passende Plakate für den Hintergrund
* Tee, Schokolade, Bonbons, Kaffee
* Notizbücher, Aufkleber, Postkarten, Stifte, Buttons

Schwarze Flügel

ein zum Buchcover passendes T-Shirt

ein Schild und ein Poster
für den Fotohintergrund

eine Perücke

Backförmchen und
Deko aus Zucker

MUSS ICH MICH SELBST *zeigen*?

Nein, keine*r MUSS sich zeigen! Bookstagram funktioniert auch ohne Fotos der Menschen hinter den Accounts sehr gut, einer der großen Vorteile und aus meiner Sicht ein wichtiger Unterschied zu BookTok. Fairerweise muss man aber sagen, dass Fotos mit Menschen drauf mehr Likes bekommen und andere dir vielleicht eher vertrauen, weil sie sehen, dass es dich wirklich gibt und du kein 66-jähriger Typ bist, sondern (zum Beispiel) ein 13-jähriges Mädchen. Auch ist es bei manchen Aktionen von Verlagen oder auch von Young Bookstagram einfach notwendig.

ABER:

1. Likes sind nicht wichtig! Wichtig ist, was du möchtest und dir guttut.
2. Andere Jugendliche können dich auch auf andere Weise kennenlernen
3. Man muss nicht bei jeder Aktion dabei sein!

Tipps und Tricks für gute Posts mit Fotos und Reels

1. SO WERDEN DEINE Fotos RICHTIG GUT

LICHT & FILTER:

Das richtige Licht ist mit das Wichtigste, damit Fotos gelingen. Warmes Tageslicht gibt ihnen den besten *Glow*. Achte daher im Sommer darauf, die Fotos am Nachmittag zu machen, wenn die Sonne nicht mehr ganz so hoch steht. Wenn du kannst, dann mach sie draußen – oder drinnen in Fensternähe. Und im Winter? Probiere aus, welche Lampe ein besonders schönes Licht macht. Ein Trick, falls das Licht zu grell oder zu dunkel war, du das aber erst im Nachhinein merkst: Nutze einen Filter – die gibt es sowohl in der Kamera-App deines Handys als auch bei Instagram. Filter kannst du auch einsetzen, wenn das Licht eigentlich optimal war, weil sie deinem Foto einfach einen besonderen Kick geben. Manche Leute nutzen für alle Fotos den gleichen Filter, weil sie gerne möchten, dass ihr *Feed* einheitlich aussieht. Und andere verwenden nie welche. Probiere es einfach aus!

ENTFERNUNG:

Man sieht bei Bookstagram leider oft Fotos, die aus großer Entfernung gemacht wurden. Das sieht ein bisschen traurig aus. Darum: Gehe beim Fotografieren möglichst dicht an das Buch heran. Positiver Nebeneffekt: Man kann auch das Cover besser erkennen 😊.

Das kann ein Busch mit Blüten im Garten sein, das Meer oder eine schöne Aussicht in den Bergen. Auch ein Buch auf Kopfsteinpflaster oder an einem dekorativen Zaun kann richtig nice sein. Probiere aus, was möglich ist und dir gefällt! Vielleicht gibt die Natur oder die Umgebung aber auch nichts her, oder du möchtest (verständlicherweise) mal ein bisschen Abwechslung haben – hier kommt die richtige Deko ins Spiel. Damit kannst du jedes Buch schön in Szene setzen.

Mir macht es immer riesig Spaß, mir zu überlegen, was farblich und inhaltlich zu einem Buch oder Thema passt. Das können einzelne Blumen sein oder auch bestimmte Gegenstände: Zum Beispiel ein kleines Herz aus Stoff, Muscheln oder Schneckenhäuser, Papiersterne, Postkarten, Kerzen, Buttons oder ein Gegenstand aus dem Land, in dem das Buch spielt.

Ich habe mir angewöhnt, immer und überall nach Dingen Ausschau zu halten, und habe eine große Kiste mit allem möglichem Kram. Dazu gehören Spinnen und kleine Totenköpfe aus Plastik (von Halloween), kleine runde Steine aus Glas, eine große Lupe und eine Spielzeugpistole, eine Mini-E-Gitarre und vieles mehr. In Läden wie Rossmann oder Nanu-Nana finde ich öfter Dekoartikel, die zu Büchern passen könnten. Falls du etwas Bestimmtes benötigst, es aber nicht hast: Frag deine Eltern, Freund*innen oder Nachbar*innen. Als ich für ein Foto mal einen Hockeyschläger brauchte, konnte ich mir zum Beispiel bei einem Nachbarmädchen, das Hockey spielt, einen leihen.

Falls du nicht fündig wirst: Wie wäre es mit Basteln? Das ist mega-individuell und kostet nicht viel. Manche bemalen sich auch das Gesicht oder die Arme passend zum Buch. Dazu gehört natürlich etwas Talent. Wer das richtig gut macht, ist Bianca vom Account *@bibibuecherverliebt*. Ihre Malereien und die Fotos, die sie dann postet sind echt MEGA!!!! Guck unbedingt mal bei ihr vorbei! Und Em von *@guineapigs.n.books*[8] hat früher

Foto von Em
@guineapigs.n.books

flache Steine passend zu Büchern bemalt und beides zusammen fotografiert. Auch eine coole Idee. Wenn sie dir gefällt, probiere das doch auch einfach mal aus!

8) Der Account ist inzwischen stillgelegt

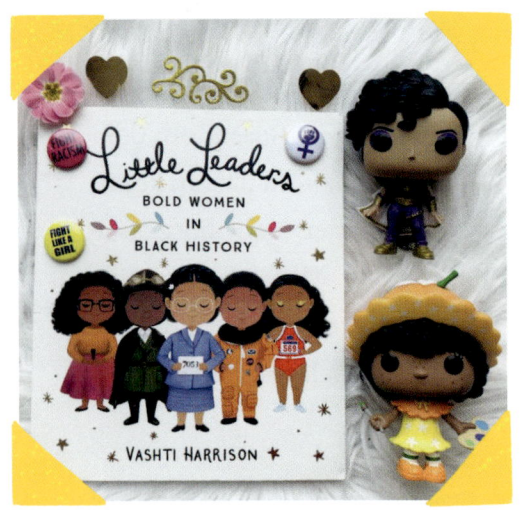

Beliebt sind bei Bookstagram auch Funkos: Das sind Plastikfiguren mit großen runden Köpfen und schwarzen Augen. Manche stellen bekannte Leute dar wie zum Beispiel die inzwischen verstorbene US-amerikanische Richterin und Frauenrechtlerin Ruth Bader Ginsburg, den Basketballer Michael Jordan oder Popstar Ed Sheeran. Die meisten Funkos sind aber Figuren aus Filmen oder Serien.

 **TIPP:** Man kann sie auch sehr gut gebraucht kaufen!

Auch sogenannte »Key Wings« (altmodische Schlüssel mit Flügeln) sieht man öfter bei Bookstagram, vor allem bei Fantasybüchern. Sie werden von Leuten in Handarbeit hergestellt und bei Etsy verkauft.

Auch Light Boxes und Letterboards sind praktisch und ein Hingucker: Damit lassen sich super gut kurze Texte einbinden.

Ein schöner Untergrund ist neben dem richtigen Licht ebenfalls superwichtig. Im Sommer reicht manchmal schon ein Stück Rasen und im Herbst ein Haufen Laub. Auch Sand kann ein schöner Untergrund sein. Und drinnen? Da kannst du dir mit Stoffen behelfen. Vielleicht habt ihr aber auch noch ein paar alte Bretter im Keller, von denen schon die Farbe abblättert? Oder ihr habt einen nicen Parkettfußboden? Extratipp: Im Baumarkt gibt es Parkett zum Zusammenstecken in verschiedenen Farben und Designs. Ich habe mir dort für knapp 20 Euro ein Bündel mit vier Plastik-Brettern geholt, die aussehen wie weiß lackiertes Holz. Die schiebe ich einfach zu einer Fläche zusammen, lege meine Bücher und die Deko darauf – und voilà!

SPECIAL HACKS FÜR DEN WINTER:

Ich habe einen kleinen Teppich aus *Fake Fur*, der ist weiß und kuschelig und wirkt fast ein bisschen wie Schnee. Kerzen und Lichterketten sehen auch super aus und winterliche oder weihnachtliche Deko wie Schneeflocken aus Papier oder kleine Glitzersterne.

MUSS ES IMMER DER
gleiche UNTERGRUND SEIN?

Vielleicht ist es dir bei Bookstagram schon aufgefallen:
Manche Leute zeigen ALLE Bücher auf dem gleichen
Untergrund. Dadurch sieht ihr Feed sehr einheitlich aus.
Andere (so wie ich) nutzen unterschiedliche Untergründe.
Die Geschmäcker sind halt
unterschiedlich. Das Gute ist:
Es gibt keine Regeln. Jede*r
kann seinen*ihren Feed so ge-
stalten, wie er*sie es mag!

 **SELFCARE-TIPP:** Probiere viele verschiedene Dinge aus, dann wirst du schnell herausfinden, was dir gefällt. Und guck dir an, was andere so machen. Dabei findest du gute Hinweise und Inspiration. Mach dir keinen Stress und erlaube dir, erst einmal ein Gefühl dafür zu entwickeln, wie du gute Fotos hinbekommst. Übung macht den*die Meister*in – das gilt auch bei Bookstagram! Und wenn dir ein gutes Foto gelingt, dann freu dich darüber und sei stolz auf dich! (Psst! Mehr Selfcare-Tipps findest du übrigens im Kapitel 7 ab Seite 194.)

2. REELS KOSTEN *Zeit*, MACHEN ABER *Spaß*!

Eben habe ich dir ein paar Tipps gegeben, worauf du achten solltest, damit du gute Fotos für deine Posts bekommst. Nun geht's um das Thema Reels, wie Videos bei Instagram heißen. Sie ermöglichen es dir, ein bisschen mehr von dir selbst zu zeigen, denn Videos sind authentischer und lassen andere näher an dich heran als Fotos. Außerdem ist es eine weitere kreative Form, deine Bücherliebe darzustellen, und: So ein Reel zu drehen kann megaviel Spaß machen! Auch cool: Mit den Reels bietet Instagram eine echt gute Alternative zu TikTok.

1. Du lädst ein Video in die Instagram App und ergänzt es in der Reel-Funktion mit Musik oder anderen Tönen oder speziellen Filtern. Besonders beliebt: Du filmst dich, wie du mit dem Zeigefinger an verschiedenen Stellen in die Luft tippst. Dort setzt du dann später Textblöcke ein. Oder: Statt Musik kannst du einen Dialog aus einem Film unter dein Video legen, auch solche Audios findest du bei Instagram. Dann filmst du dich, wie du deine Lippen bewegst und dazu ein passendes Gesicht und eine passende Gestik machst. Geschafft? Herzlichen Glückwunsch, dein erstes Lip-Sync-Reel ist fertig! Deine Follower*innen werden sich freuen!

2. Du öffnest die Reel-Funktion und drehst kleine Videoschnipsel, die du hintereinander anordnest. Wenn du es richtig machst, entstehen tolle Effekte. Du kannst zum Beispiel ein Buch in die Kamera halten und es drehen, sodass der *Buchschnitt* zu sehen ist. Dann fügst du einen weiteren Videoschnipsel hinzu, bei dem du den Buchschnitt eines anderen Buches in die Kamera hältst. Im Reel sieht es dann später so aus, als hätte sich das erste Buch verwandelt. Hier mal ein Beispiel:

3. Dir ist doch sicher aufgefallen, dass es in Büchern Charaktere gibt, die immer wieder als *Love Interests* (also als die Person, in die der*die Protagonist*in sich verliebt) auftauchen, oder? Wie wäre es, wenn du dich für ein Reel mal in all diese Rollen begibst? Das geht natürlich auch mit anderen buchigen Charakteren! Unter diesem QR-Code findest du ein Beispiel von mir:

4. Du fügst viele verschiedene Fotos von Landschaften, Szenen oder Gegenständen zu einem Reel zusammen, die zu dem Buch passen, sodass eine Art Diaschau entsteht, und legst passende Musik darunter. Solche Reels werden *Aesthetics* oder auch *aesthetic reels* genannt und sind manchmal wahre Kunstwerke. Sie bringen die Stimmung eines Buches perfekt rüber.

Reel von der Bookstagramerin Anne aka @buchskorpion

Reels anzugucken macht echt Spaß! Manche Leute denken sich richtig lustige Sachen aus. Dazu zählt zum Beispiel die Autorin Julia K. Stein, die in Reels manchmal Einblicke in ihre Arbeit als Autorin gibt. Hier siehst du ein Beispiel:

TIPP: Die Reel-Funktion bietet unzählige Möglichkeiten. Probier sie einfach mal aus, dann merkst du schnell, ob sie dir liegt und welche Art von Reels dir Spaß machen!

7 TIPPS

1. Speicher dir coole, lustige oder spannende Sounds bei Instagram ab, damit du sie wiederfindest.

2. Achte beim Drehen auf gutes Licht.

3. Nutze die Funktionen, die dir die App bietet, und schneide das Video direkt dort.

4. Bau etwas Cooles oder Überraschendes direkt am Anfang ein, das die Leute animiert, bis zum Ende dranzubleiben.

5. Überleg dir kreative Einstiege und gute Übergänge.

6. Wenn du Schrift einsetzt, achte darauf, dass du sie so platzierst, dass die Leute sie später gut lesen können.

7. Bevor du ein Reel postest, speichere es auf deinem Handy. So kannst du es später an andere verschicken. Aus rechtlichen Gründen fehlt dann zwar die Musik, aber die können sie sich in der Reel-Funktion selbst wieder unterlegen.

Nützliche APPS

Es gibt unzählige Apps, die dich bei deiner Arbeit auf Instagram unterstützen. Oft sind sie sogar kostenlos. Hier sind mal vier Apps, die ich selbst gerne und oft nutze:

PICSART:

Damit kannst du Fotos auf vielfältige Weise bearbeiten, zum Beispiel Personen ausschneiden und vor einem anderen Hintergrund wieder einsetzen, einen Filter drüberlegen, Sticker einfügen und vieles andere mehr.

VSCO:

Eine weitere Fotobearbeitungsapp. Hier lässt sich zum Beispiel der Wärmegrad des Lichtes einstellen oder wie intensiv die Farben sind.

RETOUCH:

Nervige Flecken an der Wand, vor der du deine Fotos gemacht hast, oder eine Person im Hintergrund, die da nicht hingehört? Mit dieser App kannst du ganz einfach Personen und Dinge aus Fotos herauslöschen. Super praktisch!

CANVA:

Ist eine App, mit der man Fotos und Texte miteinander kombinieren und Grafiken erstellen kann.

Daneben gibt es Apps wie zum Beispiel Later, Buffer oder Tailwind, mit denen du deine Posts planen kannst, sodass diese zu einem bestimmten Zeitpunkt automatisch online gehen. Allerdings testet Instagram auch gerade (Stand: Frühjahr 2023) diese Funktion, sodass man dafür bald keine eigene App mehr braucht.

Egal welche Apps du dir herunterladen willst, kläre vorher mit deinen Eltern, ob sie damit einverstanden sind. Leider gibt es Apps, die nur auf den ersten Blick kostenfrei sind. Andere saugen deine Daten ab oder bombardieren dich mit nervigen Push-Nachrichten, wenn sie dich erst mal in ihren Fängen haben. Manchmal ist es sinnvoll, einen kleinen Betrag zu investieren (zwei, drei oder fünf Euro) und die Bezahlvariante zu kaufen, damit dir nervige Werbung erspart bleibt. Und sei vorsichtig mit Abos! Manchmal ist es gar nicht so einfach, die wieder loszuwerden.

AktionsTIPP:
Notiere dir Apps, die du schon hast und die für deinen Bookstagram-Account nützlich sein könnten. Schreibe dann auf, welche du gerne mal ausprobieren möchtest.

TIPP FÜR EIN BISSCHEN ABWECHSLUNG: Manchmal ist mir danach, eine andere Schriftart zu benutzen. Das geht nicht bei Instagram direkt, aber es gibt Webseiten, die einen kostenlosen Schriftengenerator für Social Media anbieten. Ich selbst nutze meistens *messletters.com*, aber es gibt noch viele weitere Seiten.

COMMUNITY *rules*!
DAS *solltest* DU BEACHTEN

Das Besondere und auch besonders Tolle an Bookstagram: Es ist eine große Community von buchbegeisterten Menschen, die sich gegenseitig unterstützen. Innerhalb dieser Community gibt es viele kleine Communitys, denn jede*r hat irgendwann seine/ihre Lieblingsaccounts, denen er*sie folgt und mit denen er*sie sich austauscht. Auch du wirst neben der großen Bookstagram-Community eine kleine haben – deine eigene. Sie besteht aus den Leuten, denen du folgst und die dir folgen.

Aber wie baust du dir eine Community auf? Du könntest gleich mit deinem ersten Post damit beginnen. Wie? Indem du ein schönes buchiges Foto postest oder eines von dir selbst beim Lesen und in der *Caption* schreibst, dass du neu bei Bookstagram bist, dich auf den Austausch freust und dich kurz vorstellen möchtest. Und dann kannst du ein bisschen was über dich schreiben, entweder ganz sachlich oder auch lustig. Wenn du deinen Beitrag gepostet hast, kannst du ihn über das Papierfliegersymbol an verschiedene Leute schicken, denen du selbst folgst und deren Accounts dir gefallen. Sie bekommen den Beitrag dann in ihr Postfach.

Du kannst ihre Namen vor dem Posten auch auf dem Foto oder in der Caption *markieren* (*taggen*). Es ihnen per DM zu schicken, ist vielleicht ein bisschen privater, denn dann weiß das keine*r außer euch beiden. Ziemlich wahrscheinlich werden sie deinen Beitrag dann angucken und liken und vielleicht auch kommentieren. Vielleicht folgen sie dir auch gleich (wie mega wäre das bitte?!), oder sie machen sogar ein *Shoutout* für dich in ihrer Story (d. h., sie zeigen deinen Post, schreiben dazu, dass du neu bist, und fordern ihre Follower*innen auf, mal bei dir vorbeizuschauen).

DAS HILFT BEIM COMMUNITY-BUILDING:

LIKEN:

Mit *Likes* solltest du nicht geizig sein. Wenn dir ein Post auf einem anderen Account gefällt, like ihn! Die anderen freuen sich, wenn ihre Arbeit (sei es ein nices Foto, eine schön geschriebene Caption oder ein cooles Reel) von anderen gesehen und mit einem Like belohnt wird! Und du selbst doch auch, oder?

KOMMENTARE:

Schreib einen Kommentar unter die Posts von anderen Bookstagramer*innen! Du kannst zum Beispiel so was kommentieren wie »Cooles Bild« oder »Wichtiger Post«, wenn es passt. Manchmal stellen Bookstagramer*innen in der Caption auch eine Frage. Antworte darauf, wenn dir dazu etwas einfällt. Vielleicht hast du das Buch, das gerade gezeigt wird, ja selbst auch schon gelesen? Durch einen Kommentar und mehr noch durch regelmäßige Kommentare kommst du mit der Person hinter dem Account in Kontakt, denn sie wird sehr wahrscheinlich darauf antworten. Und auch andere, die ebenfalls kommentiert haben, werden auf dich aufmerksam.

STELLE IN DEINEN POSTS FRAGEN:

Du kannst natürlich nicht nur die Fragen anderer beantworten, sondern auch selbst welche stellen! Diese können speziell zu einem Buch oder einer Reihe sein oder auch ganz allgemeiner Natur, wie zum Beispiel: Liest du Bücher lieber auf Deutsch oder auf Englisch? Magst du eBooks? Wer ist dein liebster *Bookboyfriend*Bookgirlfriend*?

DIRECT MESSAGE (DM):

Wenn du Leute nett findest oder etwas wissen möchtest, kannst du ihnen einfach eine Nachricht schreiben. Ziemlich sicher antworten sie dir. Es gibt Autor*innen, wie Rick Riordan oder Alice Oseman, die so berühmt sind und weltweit so viele Fans haben, dass sie auf Instagram nicht mit Leuten per DM kommunizieren, was ich gut verstehen kann. Andererseits bin ich dort auch schon mit vielen Autor*innen in Kontakt gekommen, sogar mit bekannten wie Kirsten Boie oder Tanya Stewner. Ein Beispiel, das mir besonders in Erinnerung geblieben ist: Als ich 12 Jahre alt war, habe ich das coole Buch »Der Schein« von Ella Blix gelesen. Hinter diesem *Pseudonym* verbirgt sich das Autorinnen-Duo Tania Witte und Antje Wagner. Ich war über das Ende ein bisschen traurig und habe sie per DM gefragt, ob es eine Fortsetzung geben wird. Eine der beiden Ellas (es war Tania) hat total lieb geantwortet, und wir haben uns dann mehrfach hin- und hergeschrieben. Tania hat mir verraten, dass sie und Antje das Ende auch traurig fanden und sogar beim Schreiben geweint haben. Etwa ein Jahr später kam ich wieder mit Tania in Kontakt, wegen eines anderen Buches und auch über DM. Ein paar Monate später habe ich sie zu einem Interview getroffen, und seitdem sind wir befreundet. Wir schreiben uns regelmäßig und tauschen uns (trotz des Altersunterschiedes) zu vielen Themen aus.

FOLLOW:

Wenn dir ein Account gefällt, solltest du ihm folgen. Dein Follow wird der anderen Person angezeigt, und sie guckt sich dann wahrscheinlich auch deinen Account an – und folgt dir vielleicht zurück. Vielleicht aber auch nicht oder erst später, wenn du mehr Posts online hast. Das ist völlig okay, du bist ja erst am Anfang!

Ich finde, man sollte mit Follows nicht geizig sein. Leider gibt es Leute, die sich zum Ziel gesetzt haben, so wenig anderen Accounts wie möglich zu folgen. Damit das Verhältnis von Abos zu Follows besser aussieht, greifen manche sogar zu einem Trick: Sie folgen einem Account, und sobald die Person zurückfolgt, entfernen sie ihr eigenes Follow wieder und hoffen, dass die andere Person das nicht merkt.[9] Diese Praxis wird *Follow-Unfollow* genannt und ist wirklich blöd, weil sie nur dazu dient, die eigenen Abozahlen hochzutreiben. Innerhalb der Bookstagram-Community hat Follow-Unfollow ein sehr schlechtes Image.

SPEICHERN UND TEILEN:

Wenn dir ein Post bei einer anderen Person gefällt, dann kannst du ihn innerhalb der App auch speichern. Du kannst ihn aber auch (wieder über das Papierflieger-Symbol) mit anderen Leuten als DM teilen. Der *Algorithmus* von Instagram registriert Speichern und Teilen und belohnt beides: Wird ein Beitrag sehr oft gespeichert und/oder geteilt, hält Instagram ihn für wichtig und zeigt ihn noch mehr Menschen an, sodass er noch mehr gesehen und gelikt wird. Du kannst Beiträge von anderen über den Papierflieger auch in deiner eigenen Story teilen (vergiss nicht, die andere Person zu taggen, damit sie es sieht). Auch im Feed kannst du den Beitrag eines anderen Accounts teilen. Am einfachsten ist es, einen Screenshot von dem Foto zu machen, dann musst du die *Caption* jedoch selbst schreiben. Du kannst auch den ganzen Post inklusive der Caption reposten, dafür brauchst du jedoch eine App (es gibt verschiedene, die meisten kosten etwas).

---

9) *Im Gegensatz zu den Follows zeigt Instagram die Unfollows nicht an. Du siehst also nicht konkret, wer dir entfolgt ist. Angeblich gibt es Apps, mit denen du dir die Namen der Accounts anzeigen lassen kannst. Vor diesen Apps wird aber oft gewarnt, weil sie auch Einblicke in andere Daten deines Accounts nehmen und sammeln.*

In beiden Fällen solltest du die Person fragen, ob ein Repost in deinem Feed okay ist. Das Teilen in der Story ist ein wichtiges Mittel zum Community-Building (und dafür musst du nicht fragen).

CO-AUTOR*INNENSCHAFT:

Instagram bietet die Möglichkeit, gemeinsam mit einem anderen Account einen Post zu veröffentlichen. Dann erscheint zum gleichen Zeitpunkt dasselbe Foto mit derselben Caption auf beiden Accounts. Die Zahl der Likes wird zusammengezählt angezeigt. Wichtig: Besprecht vorher den Text miteinander, beide sollten damit einverstanden sein.

GEWINNSPIELE:

Um andere auf dich aufmerksam zu machen, deiner eigenen Community eine Freude zu bereiten und vielleicht auch noch Abos dazuzubekommen, kannst du ein Gewinnspiel veranstalten.

In der Regel schreibt man dazu, dass das Gewinnspiel für die eigenen Follower*innen ist. Das verführt Leute dazu, dir zu folgen, nachdem sie das Gewinnspiel gesehen haben. Das ist toll, vor allem, wenn ihnen dein

Content gefällt und sie bleiben. Leider gibt es auch Leute, die nur für die Zeit eines Gewinnspiels einem anderen Account folgen und nach dessen Ende wieder entfolgen. Das ist ein echt unangenehmes Verhalten – finde nicht nur ich, sondern viele in der Community, also mach so was besser nicht.

Wenn du ein Gewinnspiel postest, solltest du die Hashtags #gewinnspiel und #giveaway nicht vergessen. Was rechtlich bei Gewinnspielen zu beachten ist, kannst du auf Seite 163 lesen.

GEGENSEITIG AUFEINANDER AUFPASSEN:

Eine Sache, die ich bei Bookstagram echt liebe, ist, wie sich die Leute gegenseitig helfen, zum Beispiel bei blöden Kommentaren. Zum Glück sind die bei Bookstagram echt selten. Aber mir ist das schon mal passiert, und dann haben andere Bookstagramer*innen mich mit ihren Kommentaren unterstützt. Ich habe es auch schon erlebt, dass man sich gegenseitig warnt. Einmal hatte ich ein Foto von einem Paket gepostet, das ich bekommen hatte. Die Adresse hatte ich zwar übermalt, aber ein Bookstagramer schrieb mir sofort, dass man die trotzdem noch erkennen konnte. Ein anderes Mal hatte ich meine Eintrittskarte von der FBM gepostet. Sie war nur klein im Bild, aber man konnte den Strichcode darauf erkennen. Zwei Minuten später meldete sich ein Kinderbuchautor bei mir und warnte mich, dass andere den Code nutzen könnten, um auf die Messe zu kommen, und dann sei meine Karte ungültig. Total nett von den beiden. Dieses aufeinander Aufpassen ist einfach typisch Bookstagram.

 so **schützt** DU DICH

In meinen bisher fünfeinhalb Jahren habe ich keine schlimmen Sachen bei Bookstagram erlebt. Trotzdem ist es wichtig, dass du dich schützt. Einige hilfreiche Regeln findest du auf den Seiten 115, 118 und 123. Hier kommen jetzt noch ein paar weitere Dinge, die du als Bookstagramer*in unbedingt beachten solltest:

⭐ Poste nur Fotos von dir, die du wirklich zeigen möchtest und die später keine negativen Auswirkungen haben könnten. Wenn du Fotos postest, auf denen andere Menschen mit drauf sind, solltest du sie fairerweise fragen, ob sie einverstanden sind – und wenn sie noch unter 18 Jahren sind, ob sie sich zeigen dürfen.

⭐ Wenn du ein Paket mit Buchpost bekommst und das in deiner Story zeigen möchtest, denke daran, deine Adresse vorher zu entfernen oder mit einem schwarzen Stift fett durchzustreichen. Wenn dir eine Privatperson ein Buch geschickt hast, solltest du natürlich auch deren Adresse unkenntlich machen.

⭐ Wenn dir nervige Leute folgen oder Menschen, die dir seltsam vorkommen, dann kannst du sie einfach entfernen oder blockieren. Wenn du sie blockiert hast, können sie deinen Account nicht mehr sehen (wenn sie danach suchen, kommt die Anzeige: »Person nicht gefunden«) und dir auch keine DMs mehr

schicken. Eine andere Möglichkeit ist es, Nutzer*innen einzuschränken. Wenn du das machst, dann landen ihre Nachrichten in einem gesonderten Postfach, und sie können nicht sehen,
ob du sie gelesen hast oder nicht. Wenn sie bei dir kommentieren, sind diese Kommentare für andere nicht sichtbar (für dich
selbst aber schon). Das alles findest du, indem du einfach auf deren Account gehst und oben rechts auf die drei Punkte klickst.
Dann klappt sich ein Menü auf, und du kannst »Follower entfernen«, »Blockieren« oder »Einschränken« auswählen.

★ Wenn du einen komischen Kommentar bekommst, dann gibt
es verschiedene Möglichkeiten, wie du darauf reagieren kannst:
Du kannst selbst darauf antworten, du kannst andere bitten, für
dich darauf zu antworten, du kannst den Kommentar ignorieren oder ihn löschen (Swipe nach links und den Papierkorb anklicken). Ist es ein wirklich schlimmer Kommentar (rassistisch,
frauenfeindlich, queerfeindlich, *ableistisch* oder in anderer
Form beleidigend oder verletzend für dich oder andere), dann
kannst du ihn bei Instagram melden. Deren Mitarbeiter*innen
übernehmen dann das Löschen, außerdem wird die Person ver-
warnt. Bei Wiederholungstäter*innen kann der Account sogar
gesperrt werden. Wenn es um allgemeine inhaltliche Dinge geht,
dann diskutiere ich manchmal mit anderen in den Kommentaren. Manches lösche ich aber auch sofort. Letztens habe ich ein
Buch zum Thema Antirassismus vorgestellt, das Black Voices

herausgegeben hat, eine Gruppe von Aktivist*innen in Öster-reich. Daraufhin kommentierte so ein Typ (männlich, weiß, ca. Mitte 20, folgte mir nicht und hatte auch keinen Buchaccount): »Hatte es letztens in der Hand. Totaler Scheiß.« Ich nehme an, dass der Typ über den Hashtag #antirassismus oder #black-voices auf meinen Account gekommen war, das Buch gar nicht kannte und einfach nur Ärger machen wollte. Ich habe den Kommentar dann einfach gelöscht. Diskussionen mit solchen Typen bringen aus meiner Sicht überhaupt nichts.

★ Wenn ich eine*n neue*n Follower*in habe, nehme ich mir etwas Zeit und schaue mir den Account kurz an. Gehört er Jugend-lichen, anderen Bookstagramer*innen oder Leuten, die sich offensichtlich für Bücher interessieren: Gut. Sind es 55-jährige Typen im Muskelshirt mit Wohnsitz in den USA, Finanzmak-ler*innen oder durchgestylte Frauen, die laut ihrer *Bio* Influen-cer*innen helfen, ihre Zahlen zu pushen, dann entferne ich sie. Das geht, indem du einfach auf deren Account gehst und oben rechts auf die drei Punkte klickst. Dann klappt sich ein Menü auf, und du kannst »Follower entfernen« auswählen.

Auf den ersten Blick erscheint es vielleicht ein bisschen seltsam. Aber willst du, dass dir diese Leute folgen? Hinzu kommt: Viele *Ghostfollower*innen* senken deine Reichweite. Wenn du jetzt denkst: »Hä, was für Geister?«, lies doch mal den Kasten rechts.

Ghostfollower*innen und Fake Accounts

Wenn du einen neuen Beitrag gepostet hast, zeigt Instagram diesen leider nicht all deinen Follower*innen an, sondern nur einer zufälligen Auswahl von aktuell ca. 10 Prozent. Liken viele von denen deinen Post, dann schließt der *Algorithmus* (Mehr Infos zum Thema Algorithmus findest du auf Seite 238.) daraus, dass es ein guter Beitrag ist, und zeigt ihn auch vielen weiteren Accounts. Problematisch wird es, wenn der Beitrag erst mal an Accounts geht, deren Besitzer*innen sich gar nicht für deinen Content interessieren oder die nicht mehr aktiv sind (Ghostfollower*innen) oder an Fake Accounts, hinter denen keine Menschen stehen, sondern Bots. Man erkennt sie oft daran, dass sie kein Profilbild haben, Tausenden Accounts folgen und selbst nichts posten. Die Folge, wenn dein Beitrag erst mal nur an Ghost Follower*innen und Fake Accounts geht: Er bekommt keine oder kaum Likes. Daraus schließt der Algorithmus, dass das kein interessanter Beitrag ist, und zeigt ihn nur noch wenigen weiteren Leuten an. Ganz schöner Mist, finde ich. Aber so ist es halt mit Instagram.

Darum solltest du **Fake Accounts** gleich löschen, wenn sie dir folgen, und auch deine bestehenden Follower*innen ab und zu mal durchschauen und inaktive Accounts entfernen. Aber Achtung: Es gibt auch Leute, die posten selbst nichts oder nur selten, lesen aber Beiträge von anderen. In diesem Fall hilft es, die Namen deiner Follower*innen mit den Namen von denen abzugleichen, die deine Beiträge auch liken und deine Stories ansehen.

2021

- ★ Entscheide, wessen Posts du sehen möchtest! Wie bereits im Kasten erläutert, bekommt man leider nicht automatisch die Beiträge aller Menschen angezeigt, denen man folgt. Wenn du etwas unbedingt sehen möchtest, dann musst du auf den Instagram-Schriftzug klicken und dann auf »Gefolgt«. Alternativ kannst du auf »Favoriten« klicken. Dann siehst du die letzten Posts deiner absoluten Lieblingsaccounts, die du ganz einfach festlegen kannst.

Rechtliches BEI BOOKSTAGRAM

Ich hatte ja schon erzählt, dass es bei Instagram ein Mindestalter gibt und dass der Zusatz »elterngeführter Account« wichtig ist, wenn du jünger als 13 Jahre bist (siehe Seite 120, 127), aber es gibt noch weitere rechtliche Dinge zu beachten.

GEWINNSPIELE:

Du hast ein Buch doppelt und fragst dich, wohin damit? Oder du hast die ersten 100, 500 oder 1.000 Follower*innen erreicht und möchtest das feiern? *Yay, it's Giveaway-Time!* Deine Community wird dich dafür lieben. Um rechtlich auf der sicheren Seite zu sein, solltest du jedoch ein paar Bedingungen in die *Caption* mit aufnehmen oder sie in die Kommentare stellen (und dann in der Caption darauf verweisen).

Auf dem Foto kannst du sehen, welche Gewinnspielbedingungen ich immer nutze. Ich passe nur die Emojis dem jeweiligen Buch an sowie das Datum. Du kannst die Bedingungen gerne übernehmen! Kleiner Tipp: Wenn du sie einmal abgeschrieben hast, speichere sie in deiner Notiz-App ab, dann kannst du sie beim nächsten Gewinnspiel einfach in die neue Caption kopieren.

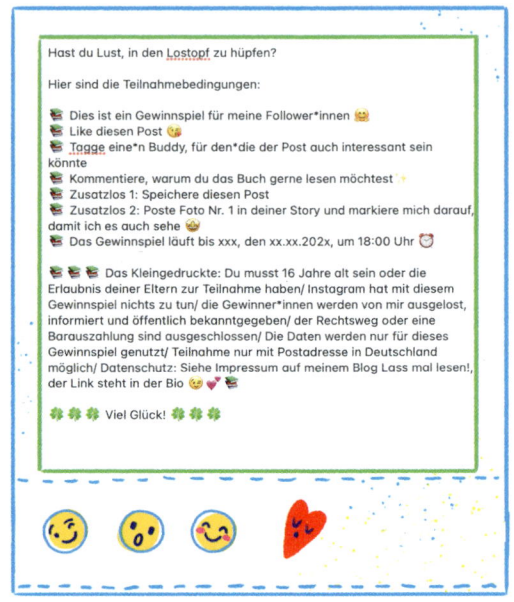

Hast du Lust, in den Lostopf zu hüpfen?

Hier sind die Teilnahmebedingungen:

📚 Dies ist ein Gewinnspiel für meine Follower*innen 🥺
📚 Like diesen Post 👍
📚 Tagge eine*n Buddy, für den*die der Post auch interessant sein könnte
📚 Kommentiere, warum du das Buch gerne lesen möchtest
📚 Zusatzlos 1: Speichere diesen Post
📚 Zusatzlos 2: Poste Foto Nr. 1 in deiner Story und markiere mich darauf, damit ich es auch sehe 🤗
📚 Das Gewinnspiel läuft bis xxx, den xx.xx.202x, um 18:00 Uhr ⏰

📚 📚 📚 Das Kleingedruckte: Du musst 16 Jahre alt sein oder die Erlaubnis deiner Eltern zur Teilnahme haben/ Instagram hat mit diesem Gewinnspiel nichts zu tun/ die Gewinner*innen werden von mir ausgelost, informiert und öffentlich bekanntgegeben/ der Rechtsweg oder eine Barauszahlung sind ausgeschlossen/ Die Daten werden nur für dieses Gewinnspiel genutzt/ Teilnahme nur mit Postadresse in Deutschland möglich/ Datenschutz: Siehe Impressum auf meinem Blog Lass mal lesen!, der Link steht in der Bio 😉 💕 📚

🍀 🍀 🍀 Viel Glück! 🍀 🍀 🍀

WERBUNG:

Für Zeitungen, Zeitschriften, Radio- und Fernsehsender und Online-Medien gilt es schon lange: Werbung ist laut Gesetz eindeutig zu markieren[10], damit Lesende, Zuschauende oder Zuhörende wissen, was redaktioneller Inhalt und was bezahlter Inhalt (also Werbung) ist. Es liegt ja auf der Hand: Wenn ich etwas feiere, weil es mir wirklich gefällt, ist das ein mächtiges Argument. Wenn ich etwas feiere, weil ich Geld dafür bekommen habe, dann ... Du verstehst bestimmt, was ich meine! In den sozialen Medien spielt dieses Thema nach einigen Gerichtsprozessen inzwischen auch eine Rolle, denn viele

---

10) Quelle: https://www.medienrecht-urheberrecht.de/medienrecht/885-richtige-kennzeichnung-von-influencer-werbung.html

Influencer*innen haben Produkte angepriesen, ohne offen zu sagen, dass sie von dem Unternehmen Geld dafür bekommen haben. Inzwischen ist es daher auch auf Social Media Pflicht, Beiträge als Werbung zu kennzeichnen, wenn darin ein Produkt oder eine Dienstleistung im Vordergrund steht. Das gilt auch für Bücher! Und auch dann, wenn du gar kein Geld bekommen hast, denn bei Bookstagram ist es nicht üblich, für Buchvorstellungen Geld zu zahlen bzw. zu verlangen (es gibt Ausnahmen, aber das sind Leute, die sehr viele Follower*innen haben und auf mehreren Kanälen aktiv sind). Manchmal zahlen Verlage auch für besondere Aktionen etwas, zum Beispiel ein aufwändiges Reel. Das ist aber eher selten der Fall. Bei den meisten Verlagen ist es inzwischen jedoch üblich, dass *Live Talks*, Moderationen und Auftritte bei Veranstaltungen bezahlt werden.

Warum muss man einen Beitrag, in dem man ein Buch vorstellt, dann trotzdem als Werbung markieren? Hier muss man genau unterscheiden: Hast du einen privaten Account, den nur wenige Leute sehen, dann juckt eine fehlende Werbekennzeichnung keine*n. Hast du einen öffentlichen Account und veröffentlichst dort selbst geschriebene Gedichte oder einfach deine Gedanken zu verschiedenen Themen, dann ist das (sehr wahrscheinlich) auch keine Werbung. Stellst du aber ein Buch vor, was du als Rezensionsexemplar bekommen hast, dann musst du unbedingt »Werbung« dazuschreiben (wenn du willst, auch mit dem Hinweis »unbezahlt«). Und wenn es ein selbst gekauftes Buch ist? Dann solltest du trotzdem »Werbung« dazuschreiben, wenn du den Verlag in deinem Post markieren möchtest.

Erforderlich ist das, weil ihr in beiden Fällen eine geschäftliche Beziehung eingegangen seid, wie Jurist*innen das nennen. In dem einen Fall hast du ein Buch erhalten und postest im Gegenzug deine Rezension, die dem Verlag als Werbung dient. Bei der Verlinkung auf den Verlag gehen Gerichte »auch bei unbezahlten Beiträgen von Werbung aus«, schreibt eine auf Medienrecht spezialisierte Kanzlei auf ihrer Webseite[11].

Puh, das klingt alles kompliziert. Zu deiner Beruhigung: Ist es aber gar nicht! Es gab bislang nur wenige Fälle von Influencer*innen, die wegen unmarkierter Werbung Ärger bekommen haben und zu Geldstrafen verurteilt wurden. Und das waren dann immer Leute mit einer sehr hohen Anzahl von Follower*innen und definitiv keine Menschen aus der Bookstagram-Community.

Um mich abzusichern, habe ich mir angewöhnt, unter jede Caption und direkt vor den Hashtags diesen Hinweis zu stellen: {Werbung da markiert|unbezahlt}. So wissen meine Follower*innen, dass ich dafür kein Geld erhalten habe, und gleichzeitig komme ich der gesetzlichen Verpflichtung nach, Werbung zu markieren.

Rechtlich gibt es bei Rezensionsexemplaren noch eine Besonderheit: Stellst du regelmäßig Bücher vor, die du kostenlos von Verlagen zur Rezension bekommen hast, brauchst du ein Impressum. Bei Instagram

---

11) Quelle: https://www.medienrecht-urheberrecht.de/medienrecht/885-richtige-kennzeichnung-von-influencer-werbung.html

ist es nicht möglich, ein Impressum einzufügen, darum lohnt es sich, neben dem Bookstagram-Account auch einen (kleinen) Buchblog zu führen oder aber eine Seite ins Netz zu stellen, die nicht mehr enthält als dein Impressum. Was dort hineingehört und warum es wichtig ist, liest du in Kapitel 2 ab Seite 50. Wichtig ist, dass du in deiner Bio auf deinen Blog bzw. auf die Seite mit dem Impressum verlinkst. Wenn du ausschließlich Bücher vorstellst, die du gewonnen, selbst gekauft oder von deinen Eltern oder Freund*innen geschenkt bekommen hast, dann brauchst du kein Impressum.

FOTOS:

Vielleicht hast du in der Schule schon davon gehört (dann oft in Zusammenhang mit Messenger-Apps wie WhatsApp, Telegram oder Signal): Es gibt ein Recht am eigenen Bild. Das heißt, du darfst Fotos, die andere Personen zeigen, nicht ohne ihr Einverständnis verbreiten. Hier muss man unterscheiden: Mal angenommen, du triffst eine Autorin auf einer Lesung, stellst dich als Bookstagramer*in vor und sagst, du würdest gerne ein Foto machen, das du später auch posten möchtest. So ist die Autorin informiert und hat durch die Teilnahme an dem Fotoshooting ihre Bereitschaft erklärt, dass du ein Foto posten darfst. Wenn du fair bist, kannst du ihr das Foto direkt zeigen oder es ihr später schicken und fragen, ob sie mit diesem Bild einverstanden ist. Meine Erfahrung: Autor*innen freuen sich meistens sehr über Posts, und es hat sich noch nie jemand beschwert, dass ich ein Bild von uns gepostet habe. Etwas anderes ist es, wenn du mit anderen jugendlichen Bookstagramer*innen Fotos machst. Vielleicht sind die Fotos aus deren Perspektive ja nur zur Erinnerung für euch gedacht? Wenn du später eines der Bilder posten möchtest, dann solltest du unbedingt fragen, ob sie damit einverstanden sind und ob du sie auch taggen darfst.

Wenn man im Netz unterwegs ist, dann findet man viele tolle Fotos. Wichtig: Auf Fotos liegen Rechte, und es gibt Inhaber*innen dieser Rechte. Professionelle Fotograf*innen sind meistens bei einer Fotoagentur, und viele dieser Agenturen beschäftigen wiederum Abteilungen, die im Netz nach »ihren« Bildern suchen und sicherstellen, dass für deren Veröffentlichung auch bezahlt wurde. Die kennen oft keinen Spaß und schicken auch schnell ihre Anwält*innen los, wenn sie fündig werden. Am besten versuchst du, möglichst viele Fotos selbst zu machen, dann bist du auf der sicheren Seite.

Zuletzt noch ein paar Worte zum Thema Fotos von Büchern: Natürlich ist es erlaubt, die Cover von Büchern abzufotografieren und zu zeigen. Gleiches gilt für Innenseiten – solange du nicht das GANZE Buch abfotografierst und veröffentlichst (oder die letzte Seite – *Spoiler Alert!*). Bei mir hat sich noch nie ein Verlag über Fotos von Büchern beschwert. Im Gegenteil: Sie freuen sich, wenn ihre Titel gezeigt und dadurch neue Käufer*innen gewonnen werden. Oder wenn andere Bookstagramer*innen dadurch darauf aufmerksam werden. Für Verlage und Autor*innen ist diese Aufmerksamkeit total wertvoll.

ZUM *Abschluss* DIESES KAPITELS NOCH *zwei* TIPPS:

1. Mache deine Posts, wenn du Zeit und Lust dazu hast, und speichere sie in den Entwürfen. Dann kannst du später weiter daran arbeiten und sie veröffentlichen, wenn es passt. Bevor du einen Beitrag postest, kopiere den Text der Caption in die Zwischenablage und wenn du willst auch in die Notiz-App. Manchmal hat Instagram eine Störung, und das Posten klappt nicht. Der Entwurf ist dann weg und damit auch dein Text. Das ist mir früher manchmal passiert, und das war immer megaärgerlich!

2. Bleib cool, und vergleiche dich nicht so viel mit anderen. Vor allem dann nicht, wenn sie schon viel länger dabei sind als du. Es dauert eine Weile, bis du bei Bookstagram Fuß gefasst hast. Ich habe meinen eigenen Account Mitte April gestartet. Etwa drei Monate später hatte ich 200 Follower*innen. Weitere fünf Monate später waren es 1.000. Da war ich aber auch schon im GEOlino gewesen. Was ich damit sagen will: Niemand startet bei Bookstagram und hat sofort Hunderte Abos!

KLARE EMPFEHLUNG FÜR BOOKSTAGRAM!

Hass im Netz (und gerade auch in den sozialen Medien) ist ein wichtiges Thema. Natürlich macht man sich als Eltern Sorgen, wenn das Kind plötzlich in diese Räume strebt – und das dann auch noch mit einem öffentlichen Account! Meine eigenen Bedenken erwiesen sich jedoch als unbegründet. Im Gegenteil, heute würde ich sagen: Bookstagram ist der perfekte Ort, um sich in Sachen Social Media auszuprobieren, weil die Community einfach super ist und alle sich gegenseitig unterstützen. Um dies zu erfahren, mussten wir uns jedoch erst einmal darauf einlassen. Bei aller Begeisterung: Absprachen und einige Sicherheitsvorkehrungen sind wichtig (siehe dazu die Seiten 125 und 158 und meinen Zwischenruf auf S. 115). Eltern sollten jüngere Kinder dort begleiten und mit älteren Kindern bzw. Jugendlichen über ihre Erfahrungen, Erlebnisse und Eindrücke im Gespräch bleiben. Dann kann nichts schiefgehen!

6.
BÜCHERliebe BEI BookTok, BookTube und in Podcasts

HIER GEHT ES DARUM, WO DU DEINE *Bücherliebe* AUßERDEM NOCH *feiern* UND MIT ANDEREN *teilen* KANNST.

Übrigens!
Die drei Gespräche mit Saskia, Tom und Luna sind auch Beispiele dafür, wie man Interviews aufbauen kann 😊

Lass uns eine Minute der Dankbarkeit dafür einlegen, dass es das Internet und Social Media gibt! Wie cool ist es bitte, dass wir – anders als unsere Eltern oder Großeltern – heute so viele Möglichkeiten haben, unsere Lieblingsbücher öffentlich zu feiern? Die zwei, die ich mir dafür ausgesucht habe (Blog und Bookstagram) hast du inzwischen schon kennengelernt. Aber es gibt noch mehr. Zum Beispiel BookTok (der Bereich von TikTok, in dem es um Bücher geht), BookTube (Bücherwelt bei YouTube) und buchige Podcasts. Um mehr über diese Plattformen zu erfahren, habe ich drei Leute befragt, die sich dort besser auskennen als ich: Saskia, Tom und Luna.

BOOKTOK: »DAS BEWEGTE BILD HAT MICH SCHON IMMER MEHR INTERESSIERT«

SASKIA PAPEN ist 24 Jahre alt und arbeitet als Buchhändlerin in Kleve. Seit Ende 2020 ist sie als *@pastellpages* bei BookTok & Bookstagram aktiv.

HEY SASKIA, WAS GEFÄLLT DIR AN BOOKTOK?

Mir gefällt es, dass ich mich dort kreativ ausleben kann! Ein Video ist ja im Gegensatz zu einem Foto nicht statisch, und irgendwie hat mich das bewegte Bild schon immer mehr interessiert. Den richtigen Winkel zu finden, den richtigen Moment, um etwas schön darzustellen, so was eben …

GIBT ES AUCH ETWAS, WAS DICH AN BOOKTOK NERVT?

Die Fehler der App können echt an den Nerven zerren. Es kann zum Beispiel passieren, dass eine Schrift, die man im Video nur am Anfang eingeblendet haben wollte, plötzlich dauerhaft zu sehen ist. Dann gibt es kein Zurück, und ich muss das Video noch mal komplett neu drehen. Das ist total ärgerlich, weil das viel Zeit kostet, passiert aber leider öfter mal.

IM HINBLICK AUFS MACHEN: WIE UNTERSCHEIDET SICH BOOKTOKEN VON BOOKSTAGRAMEN?

Auf BookTok musst du wesentlich mehr Zeit und Arbeit in deinen Content stecken. Das finale Video ist am Schluss vielleicht nur 15 Sekunden lang, aber dafür musste man erst mal die richtigen Bücher raussuchen und den richtigen Sound. Dann muss die Schrift noch stimmen ... Danach geht's ans Drehen, und dabei entsteht vielleicht kein durchgängiges Video, sondern mehrere Sequenzen. Diese müssen in die richtige Reihenfolge gebracht und aufeinander abgestimmt werden ... Ein Foto geht da deutlich schneller.

WELCHE FORMATE VON POSTS GIBT ES BEI BOOKTOK?

Es gibt Buchvorstellungen, Bookhauls, Lesemonate, Point of Views (POVs) und lustige Clips, um mal ein paar zu nennen. Daneben haben viele Creators auch noch eigene Formate entwickelt. Ich habe zum Beispiel eines, das nennt sich »Kaugummi Orakel«, und das geht so: In meinem Automaten liegen Kaugummis in verschiedenen Farben.

Ich nehme einen Stapel ungelesener Bücher und ordne jedem einzelnen eine Farbe zu. Dann ziehe ich ein Kaugummi – und das Buch mit der entsprechenden Farbe lese ich als Nächstes.

WARUM BIST DU SOWOHL BEI BOOKTOK ALS AUCH BEI BOOKSTAGRAM AKTIV?

Bei beiden aktiv zu sein bietet den Vorteil, dass ich mich auf beiden Plattformen mit unterschiedlichen Leuten vernetzen kann. Außerdem möchte ich mich weiterentwickeln, denn ich war nie gut darin, Bilder für Bookstagram zu machen, und lerne noch dazu.

GIBT ES DINGE, DIE MAN BEI BOOKSTAGRAM MACHT ODER MACHEN KANN, ABER BEI BOOKTOK NICHT? UND ANDERSHERUM?

Abseits der Tatsache, dass man auf Bookstagram Fotos als Feed und auf BookTok Videos als Feed hat, fällt mir eigentlich nur eines ein: Auf Bookstagram kann man Nachrichtenanfragen stellen und leichter Personen anschreiben, die einer*einem nicht selbst folgen. Das ist auf BookTok leider (noch) nicht wirklich möglich – die Chatfunktionen sind viel eingeschränkter.

Saskias LIEBSTE BookTok-ACCOUNTS

»Bei den deutschsprachigen kann ich auf jeden Fall Alana von @rollinglibrary, Rene von @misterweyrauch und Jess von @miss.nerdstagram empfehlen – und bei den englischsprachigen Calvin von @thecalvinbooks.«

Du findest Saskia bei Book-Tok und Bookstagram unter dem Namen @pastellpages.

Saskias TIPPS ZUM BookTOKEN:

»Habt Spaß, werdet kreativ und achtet nicht so viel auf die Zahlen. Viele Book-Toker*innen machen sich den Druck, *viral* zu gehen oder schnell viele Follower*innen zu bekommen. Dabei sollte euer Fokus woanders liegen: Baut euch eine kleine Community auf und schließt Freund-schaften. Der Rest kommt ganz von alleine. Auf der App geht es viel um das Miteinander.«

---

12) Quelle: https://www.stylink.com/tiktok-videos-bei-instagram-teilen-kreativen-content-geschickt-nutzen/

Special HACK

Du kommst mit TikTok besser klar als mit der Reel-Funktion von Instagram? Kein Problem! Du kannst deine Videos auch bei TikTok gestalten und sie dann parallel dort und bei Instagram posten. Wenn du beide Apps miteinander verknüpft hast, wird dir diese Option beim Veröffentlichen auf TikTok automatisch angeboten. Du kannst dort aber auch Videos für deine Booksta-gram-Follower*innen erstellen, ohne überhaupt auf TikTok aktiv zu sein. Dafür reicht ein TikTok-Account ohne Inhalte. Wenn du dein Video erstellt hast, klicke unten auf »weiter« und wähle im nächsten Schritt auf die Frage »Wer kann dieses Video sehen?« den dritten Punkt (»privat«) aus. Wichtig: Du solltest vorher bei der Einstellung »Auf Gerät speichern« einen Haken gesetzt haben. Wenn du nun auf »Veröffentlichen« klickst, wird dein TikTok-Video auf deinem Kanal hochgeladen, ohne dass Nut-zer*innen es sehen können – und gleichzeitig ist es in der Foto-/ Film-Galerie deines Smartphones gespeichert. Von dort kannst du es bei Instagram hochladen, wie jedes andere Video auch. Im Clip ist dann allerdings das TikTok-Logo zu sehen.[12]

»NICHT MEHR VOR DER KAMERA ÜBER BÜCHER QUATSCHEN? UNVORSTELLBAR!«

TOM SCHWICHTENBERG kommt aus Hannover, ist 20 Jahre alt und möchte Kinderbuchautor werden. Bei Book-Tube ist er seit Ende 2016 unter dem Namen Reading Daydreamer zu finden, bei Bookstagram seit Anfang 2017 unter @reading_daydreamer.

HEY TOM, WIE BIST DU AUF DIE IDEE GEKOMMEN, EINEN BUCHIGEN KANAL BEI YOUTUBE ZU ERÖFFNEN?

Ich habe schon immer gerne gelesen und Geschichten geschrieben. Über diese beiden Leidenschaften wollte ich mich gerne mit anderen austauschen.

Offline bin ich aber eher zurückhaltend, darum hat mir die Idee gefallen, Videos auf YouTube hochzuladen. Und als ich es ausprobierte, habe ich gemerkt, dass mir das Sprechen vor der Kamera tatsächlich leichter fällt und dass es auf YouTube eine Community von Buchliebhaber*innen gibt.

WELCHE INHALTE BIETEST DU AUF DEINEM KANAL AN?

Ich stelle dort vor allem Jugendbücher vor, zeige Neuerscheinungen und meinen Lesemonat. Manchmal spreche ich über eigene Schreibprojekte oder Persönliches, zeige mein Bullet Journal und Ausschnitte aus meinem Alltag oder stelle Reisevlogs zusammen.

WÜRDEST DU SAGEN, DASS SICH BOOKTUBE UND BOOKSTAGRAM GUT ERGÄNZEN?

Auf jeden Fall. BookTube und Bookstagram haben jeweils einen etwas anderen Schwerpunkt und bieten verschiedene Möglichkeiten. Bei YouTube kann man längere Videos hochladen, das finde ich praktisch, wenn ich mehrere Bücher auf einmal vorstellen möchte. Dafür kann ich bei Bookstagram auch mal spontan was posten, und man kommt über die Nachrichtenfunktion auch schneller mit anderen Bookies ins Gespräch.

GIBT ES BEI BOOKTUBE BESONDERE FORMATE?

Ja, eines, das ich sehr gerne mag, ist der Buch-tag/book-tag: Dafür denkt sich eine Person verschiedene Fragen rund um ein buchiges Thema oder Genre aus. Es gibt zum Beispiel den »Queeren Buch-tag« oder den »20 Fragen an einen Bücherwurm-tag«. Die Person lädt ein Video hoch, in dem sie diese Fragen beantwortet, und taggt andere Personen, damit sie das Gleiche machen.

WIE COOL! HAST DU NOCH EIN BEISPIEL?

Ein anderes Videoformat, das ich oft bei anderen angucke und auch gerne selbst drehe, ist der Lesevlog / reading vlog. Ich filme dafür meistens über etwa eine Woche hinweg, was meine Eindrücke zu den Büchern sind, die ich gerade lese, und baue auch ein bisschen von meinem sonstigen Alltag mit ein. So lernt man als Zuschauer*in die Person hinter einem BookTube-Kanal besser kennen und bekommt spontane und ungefilterte Leseeindrücke.

WELCHES TECHNISCHE EQUIPMENT BRAUCHT MAN FÜR BOOKTUBE?

Das kommt total auf die eigenen Ansprüche und Möglichkeiten an. Manche legen großen Wert darauf, möglichst professionell zu sein – mit extra Videobeleuchtung, Mikro, Schneideprogramm und Special Effects. Anderen ist das vielleicht nicht wichtig, oder sie haben keine teure Ausrüstung. Der eine Weg ist nicht besser oder schlechter als der andere. Ich finde, solange BookTube ein Hobby ist, sollte der Spaß im Vordergrund stehen.

WAS NUTZT DU SELBST?

Am Anfang habe ich meine Videos gar nicht geschnitten und kein Equipment außer der Kamera meiner Mutter benutzt. Außerdem habe ich das kostenlose Programm Windows Movie Maker ausprobiert – mittlerweile habe ich das kostenpflichtige Programm VideoPad Video-Editor –, und manchmal nutze ich ein Ringlicht zur Beleuchtung.

Zum Filmen braucht man aber nicht unbedingt eine extra Kamera, viele Handys haben mittlerweile eine echt gute Videoqualität.

FÜR WELCHE PERSONEN IST BOOKTUBE AUS DEINER SICHT GEEIGNET?

Wer sich selbst nicht zeigen möchte oder darf und seine Meinungen zu Büchern gerne schriftlich formuliert, fühlt sich bestimmt auf Bookstagram wohler. Um BookTuber*in zu werden, sollte man Spaß daran haben, Bücher und sich selbst vor der Kamera zu präsentieren. Wer sich auch noch für das technische Drumherum interessiert, ist auf BookTube gut aufgehoben.

Toms TIPPS FÜR ALLE, DIE MIT BookTUBE ANFANGEN WOLLEN:

»Schaut euch erst mal in Ruhe an, was andere BookTuber*innen so machen und was euch gefällt. Danach solltet ihr euch aber nicht zu sehr mit anderen, vielleicht schon viel erfahreneren BookTuber*innen vergleichen – die haben schließlich auch mal klein angefangen. Man braucht ein bisschen Geduld, um sich eine Community aufzubauen, aber ich denke, wer sich nicht verstellt und mit Spaß an die Sache herangeht, wird seine eigene Nische finden. Was noch wichtig ist: Für YouTube braucht man ein eigenes Google-Konto. Das gibt es in Deutschland aber offiziell erst mit 16 Jahren. Vorher müssen das die Eltern verwalten.«

TOMS TIPPS FÜR BOOKTUBE-KANÄLE

»Der Kanal von Antonia Wesseling (tonipure) war einer der ersten, den ich auf YouTube abonniert hatte, und ich schaue ihre Videos immer noch sehr gerne. Ihre Cousine Juli gibt auf ihrem Kanal Julinapril auch oft coole Buchtipps. Außerdem kann ich den Kanal Henjos Buchleben empfehlen«.

 Ihr findet Tom unter dem Namen Reading Daydreamer bei YouTube und unter @reading_daydreamer bei Instagram.

PODCAST: »SPRECHEN, WIE ICH LUST UND LAUNE HABE«

ARISSA LUNA MIA RUDIGER ist 14 Jahre alt, lebt in Dresden und betreibt seit Juni 2022 ihren buchigen Podcast Läuft gerade, den man zum Beispiel bei Spotify finden kann. Bei Bookstagram ist sie unter dem Namen @luna_voice_mia aktiv.

HEY LUNA, WIE BIST DU ZUM PODCASTEN GEKOMMEN?

Ich habe mich schon immer fürs Sprechen interessiert, und dieser Leidenschaft wollte ich unbedingt nachgehen. So hatte ich eines Tages die Idee, einen Podcast zu machen. Es hat zwar eine ganze Weile gedauert, bis ich ein Thema, einen Namen für meinen Podcast und genügend YouTube-Tutorials angeschaut hatte, um ausreichend informiert zu sein – und nicht zu vergessen: das ganze Gesuche nach einer kostenlosen App zum Hochladen. Doch irgendwann hatte ich ihn endlich auf die Beine gestellt.

WELCHE INHALTE BIETEST DU BEI »LÄUFT GERADE« AN?

Bei mir geht es hauptsächlich um (Hör-)Bücher. Dazu mache ich Interviews mit Autoren*innen, Sprecher*innen, Verlagen und Literaturagent*innen und vielen mehr. Am Anfang und am Ende des Podcasts geben mein Bruder und ich noch unseren Senf dazu.

WELCHES TECHNISCHE EQUIPMENT BRAUCHT MAN FÜR EINEN PODCAST?

Auf jeden Fall braucht man ein Handy oder Tablet, mit dem man die Folge aufnehmen kann. Wer noch einen besseren Sound haben möchte, sollte sich zusätzlich ein externes Mikrofon zulegen. Momentan bastle ich noch am optimalen Sound. Da bin ich mit meinem externen Mikro noch nicht ganz zufrieden. Außerdem benötigt man eine Software oder App, mit der man den Podcast veröffentlichen kann. Ich benutze derzeit Spotify für Podcaster, damit kann man ihn kostenlos bei Spotify hochladen, aber es gibt auch andere. Über Spotify für Podcaster kannst du auch aufnehmen und schneiden, aber ich finde, dass das auf dem iPhone über die dort automatisch vorhandene App GarageBand einfacher ist. Da kann man zum Beispiel auch einzelne Segmente verschieben und einfügen.

UND WIE MACHT MAN EINEN PODCAST? WAS IST DABEI WICHTIG ZU WISSEN?

Zunächst brauchst du eine Idee, was du in deinem Podcast überhaupt machen willst. Dann geht es daran, das richtige Intro zu finden. Bei mir war das besonders schwer, weil ich eines selbst kreieren wollte. Man kann auch die Intros nehmen, die von den Apps angeboten werden. Allerdings würde ich empfehlen, ein eigenes zu erstellen, weil es viel individueller ist und niemand sonst es benutzen kann. Das Intro wird am Anfang jeder Podcastfolge eingespielt.

DU BIST AUCH BEI BOOKSTAGRAM AKTIV. WAS SIND DIE VOR- UND NACHTEILE VON PODCASTS IM GEGENSATZ ZU BOOKSTAGRAM?

Ich finde, dass man das eigentlich gar nicht so vergleichen kann. Ein Podcast ist ein Beitrag zum Hören. Bei Bookstagram werden Bücher in Form von Bildern und Videos vorgestellt. Zwar gibt es auf Instagram neben den Bildern auch die Möglichkeit, Videos zum Hören zu machen. Das sind dann aber immer nur kurze Ausschnitte im Gegensatz zum Podcast, wo du die Zeit selber festlegen kannst.

WAS MAGST DU AM PODCASTEN, UND WAS MAGST DU DARAN NICHT?

Ich mag es, dass ad hoc ganz viele Ideen mit in den Podcast einfließen können und dass ich einfach sprechen kann, wie ich mag. Es gibt nur wenige Sachen, die ein bisschen nervig sein können, zum Beispiel, wenn eine Folge überraschend nicht aufgenommen wurde. Das Schneiden ist auch erst mal etwas kompliziert, aber sobald man den Dreh raushat, ist das ein Kinderspiel. Ansonsten finde ich, sind Podcasts das Beste, was man in der Freizeit machen kann – jedenfalls für mich 😊.

FÜR WEN SIND PODCASTS GEEIGNET – UND FÜR WEN EHER NICHT?

Eigentlich ist Podcasten für jede*n geeignet, solange er*sie Lust, Zeit und auch etwas Geduld hat. Allerdings braucht man auch viel Durchhaltevermögen. Denn einen Podcast über eine längere Zeit zu führen, kann schon stressig sein. Wer es mal ausprobiert, wird sehen, dass am Ende meistens etwas Cooles dabei herauskommt.

GIBT ES EIGENTLICH EINE PODCAST COMMUNITY ÄHNLICH WIE BEI BOOKSTAGRAM?

Es gibt schon einige Buchpodcasts, viele sind aber auf ein bestimmtes Genre oder bestimmte Reihen spezialisiert. Und ja, es gibt auch eine Podcast Community. Allerdings treffen wir uns nicht so wie bei Young Bookstagram mit Verlagen und Autor*innen. Man kann unter die

Podcastfolge Kommentare schreiben. Likes gibt es nicht, du kannst nur sehen, wie viele Aufrufe eine Folge bekommen hat.

Du findest Lunas Podcast Läuft gerade bei Spotify. Bei Bookstagram ist sie unter dem Namen @luna_voice_mia aktiv.

Lunas TIPPS FÜR BUCHIGE Podcasts:

»Diese Podcasts solltest du dir unbedingt mal anhören:
Ganz allgemein für Bücher #booklove von Libellenlilly und Lucys Bücherwelt. Zu bestimmten Reihen gibt es eigene Podcasts. Zu ›Woodwalkers‹ kann ich zum Beispiel den PumaCast von pumajunge empfehlen. Und alle, die nach Hörbuchempfehlungen für Erwachsene und ältere Jugendliche suchen, sollten mal beim Hörbuchweltenpodcast vorbeischauen.«

AktionsTIPP:

Hast du jetzt auch Lust aufs Podcasten bekommen, aber weißt nicht, wie du anfangen sollst? Die Initiative Bücheralarm hilft Schulen und Bibliotheken dabei, einen eigenen Podcast mit Kindern und Jugendlichen ins Leben zu rufen. Das Team kommt auch für Workshops vorbei und verkauft Koffer, die alles enthalten, was man braucht. Gibt es an deiner Schule Lehrkräfte, die darauf Lust haben könnten? Erzähl ihnen doch mal von Bücheralarm und schlag vor, ein paar weitere Infos dazu zu recherchieren: bücheralarm.de.

TESTE DICH:
WELCHE *Plattform* PASST ZU *dir?*

Beantworte alle 13 Fragen und zähle anschließend die Herzen der verschiedenen Farben zusammen.

---

1. DU SCHREIBST GERNE TEXTE?

Ich lieb's!

Manchmal schon ...

Nö ...

2. DU REDEST UND BEWEGST DICH GERNE VOR DER KAMERA?

YESSS!

Bin kein Riesenfan, aber ist okay für mich

Nicht mein Ding

3. DU MAGST FOTOS VON DIR?

Auf vielen mag ich mich schon, ja

Mag nicht alle, aber hab auch kein Problem damit

Fotos von mir? Bitte nicht!

4. COMEDY LIEGT DIR?

Ich bringe andere gerne mit Grimassen und witzigen Ideen zum Lachen

Anschauen gerne, selber machen eher nicht

5. DU MACHST GERNE FOTOS VON SCHÖNEN DINGEN?

Jaaa, super gerne

Ich mach lieber andere Sachen

6. DU REDEST GERNE UND VIEL?

Stimmt, ich rede wirklich seeehr viel

Manchmal rede ich viel, manchmal eher nicht

7. DU BIST EIN TECHNIKFREAK, FUCHST DICH SCHNELL IN APPS UND SOFTWARE EIN UND HAST KEINE ANGST VOR LÄNGEREN SESSIONS VOR DEINEM RECHNER?

Für mich kein Problem

Bin darin nicht megagut, aber meine Ma, mein Bruder oder meine beste Freundin stehen voll drauf und würden mich unterstützen

Puh, ich weiß nicht, ob ich dazu Zeit und Lust habe

8. DU MAGST DEINE STIMME?

Auf jeden Fall 💙 💚

Geht so ❤️ ❤️

Leider nein ❤️ 💛 ❤️

9. DU MÖCHTEST GERNE VIELE MENSCHEN ERREICHEN?

So sieht's aus 💙 💜 💚

Wäre schon schön, aber steht für mich nicht im Vordergrund 💚 ❤️ 💛 ❤️ 💙

10. COMMUNITY UND AUSTAUSCH IST FÜR DICH...

Sehr wichtig ❤️ 💜

Ein nice to have, aber kein Muss 💚 💜 💛 ❤️ 💙

11. WENN DU EINE REZENSION SCHREIBST ODER ÜBER EIN BUCH SPRICHST, DANN MÖCHTEST DU VIELE GEDANKEN DAZU LOSWERDEN UND DICH NICHT AUF EINIGE WENIGE PUNKTE BESCHRÄNKEN?

Exakt 💛 💙 💚

Nee, ich finde, in der Kürze liegt die Würze ❤️ ❤️

12. SIND RECHTSCHREIBUNG UND KOMMASETZUNG EASY FÜR DICH?

Klar, das geht bei mir automatisch 💙 💜 💛 ❤️ 💙

Geht so ❤️ 💙 💚

13. BIST DU BEREIT, VIEL ZEIT (UND ARBEIT) ZU INVESTIEREN?

YESS! 💙 💚

Hab nicht so viel Zeit 💜 💛 ❤️

Auswertung:

ÜBERWIEGEND 💛 : Sieht so aus, als könnte ein Blog etwas für dich sein! Ja, ein bisschen technisches Verständnis ist dafür nötig, aber nicht viel. Auf einem Buchblog zeigst du (im besten Fall) schöne Fotos von Büchern. Bilder von dir selbst sind kein Muss. Wenn du gerne schreibst und ausführlichere Rezis magst, ist der Blog dein Medium: Du kannst dir für einen Beitrag so viel Platz nehmen, wie du magst. Über die Kommentarfunktion können Leute etwas zu deinen Beiträgen schreiben. Davon machen aber (so meine Erfahrung) nur wenige Gebrauch. Wenn du eine »richtige« Community und Austausch suchst, solltest du besser zu Bookstagram oder Booktook gehen.

ÜBERWIEGEND 💙 Yay! Du passt wirklich super zu Bookstagram – und Bookstagram zu dir! Der buchige Teil von Instagram ist aus meiner Sicht die vielfältigste Möglichkeit, aktiv zu werden. Du kannst dich auf Fotos oder in Reels zeigen, musst es aber nicht. Du kannst kurze und auch etwas längere Texte schreiben (wenn auch nicht so lang wie auf einem Blog). Du kannst deine Stimme einsetzen (in Reels oder Stories) oder es lassen. Und egal ob Fotopost, Reel oder Story: Es gibt viele verschiedene Formate, mit denen du buchige Inhalte auf ernste oder lustige Weise rüberbringen kannst. Natürlich kannst du dich auch auf eines konzentrieren. Besonders cool ist die große und sehr herzliche Community. Außerdem kannst du relativ schnell Reichweite erzielen.

ÜBERWIEGEND ❤️ : Bei dir dominiert die Farbe Rot? Sieht ganz so aus, als wärst du Team BookTok! Wenn du Videos liebst, dich gerne zeigst und auch ein bisschen Frickelei am Handy nicht scheust, ist das genau das Richtige für dich. Auch bei BookTok gibt es eine Community von Buchliebhaber*innen, allerdings ist sie noch nicht so groß und eng wie bei Bookstagram. Natürlich kannst du hier auch lustige Videos machen, wenn das dein Ding ist. Und mit etwas Glück erreichst du auch ohne viele Abos mit einem einzigen Video eine große Menge an Leuten, weil der Algorithmus von TikTok es vielen anzeigt. Planen oder steuern lässt sich das jedoch nicht.

ÜBERWIEGEND 💙 : *So viele blaue Herzen? Das heißt (Trommelwirbel): BookTube könnte DEIN Ding sein! Beim BookTuben erstellst du einen Blog in Videoform, bei dem man dich sehen und hören kann. Du kannst richtig coole und informative (oder auch lustige) Videos drehen, wenn du bereit bist, Zeit zu investieren. Die brauchst du nicht nur zur inhaltlichen Vorbereitung, sondern auch für die Nachbearbeitung. Technisches Equipment, die Fähigkeit, damit umzugehen, und Spaß an Schnittprogrammen sind wichtige Voraussetzungen, damit du bei BookTube erfolgreich sein kannst. Eine Community gibt es hier auch, aber sie ist weniger ausgeprägt als bei Bookstagram.*

ÜBERWIEGEND 💚 *Ooookaaaayyy, bei dir stehen alle Zeichen auf – grün! Was das heißt? Schreiben ist nicht so dein Ding, und du stehst auch nicht gerne vor der Kamera, redest dafür aber umso lieber und magst deine Stimme. Du kannst dir auch gut vorstellen, Gespräche mit Autor*innen oder anderen Leuten aus der Buchbranche zu führen und aufzunehmen. Audiofiles am Rechner schneiden, Musik unterlegen und dir einen individuellen Trailer gestalten – all das schreckt dich nicht ab. Würdest du zustimmen? Dann solltest du es unbedingt mal mit einem Podcast versuchen. Die sind aktuell total in, und es gibt sie zu verschiedenen Themen. Vielleicht gibt es ja auch bald einen von dir?*

CONNIE GLYNN
Prinzessin undercover
KJB

LISE VILLADSEN
Sowas wie Sommer sowas wie Glück

AIDEN THOMAS
Yadriel & Julian
CEMETERY BOYS
DRAGONFLY

MICHELLE QUACH
FALLING IN LOVE WAS NOT THE PLAN
ROMAN
FOREVER

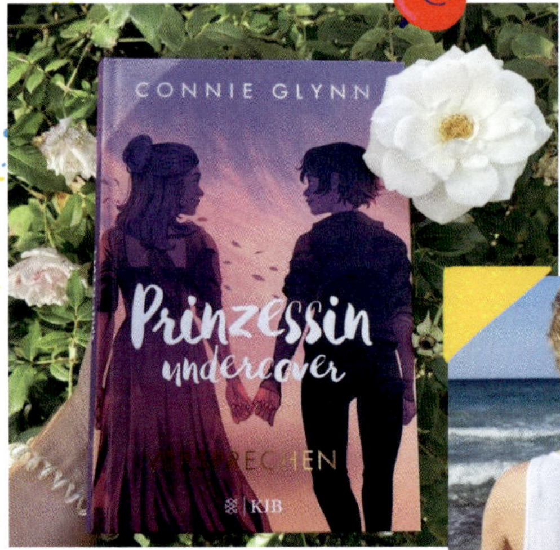

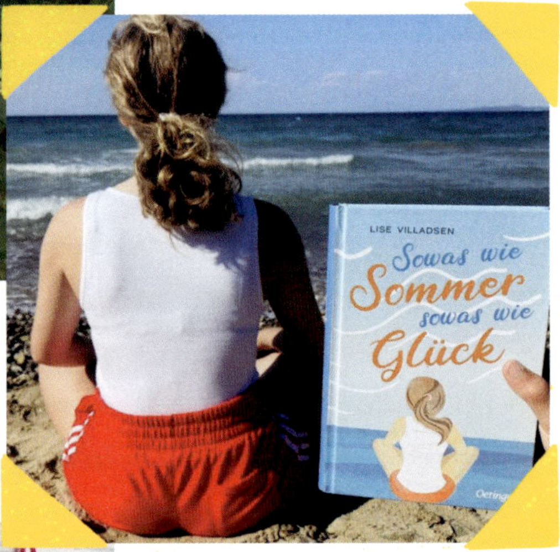

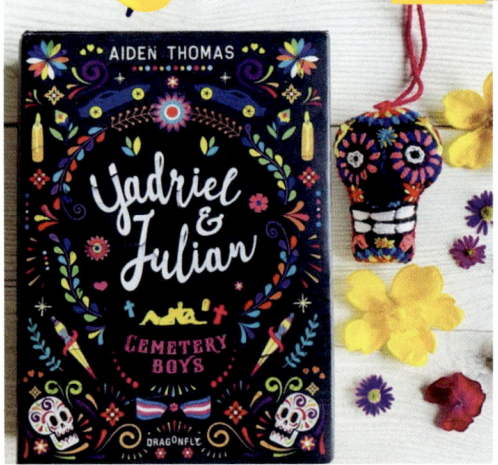

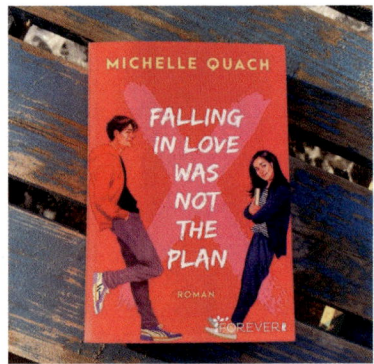

MARTIN SCHÄUBLE
CLEANLAND

Katja Brandis
Seawalkers
Rettung für Shari
Arena

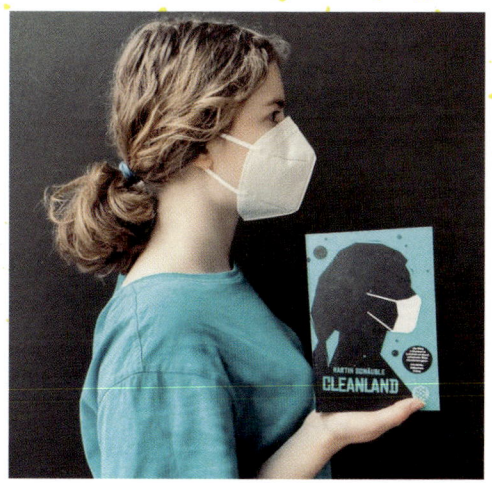

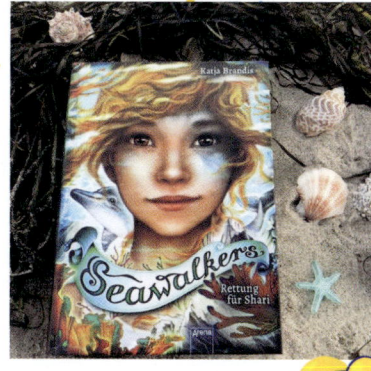

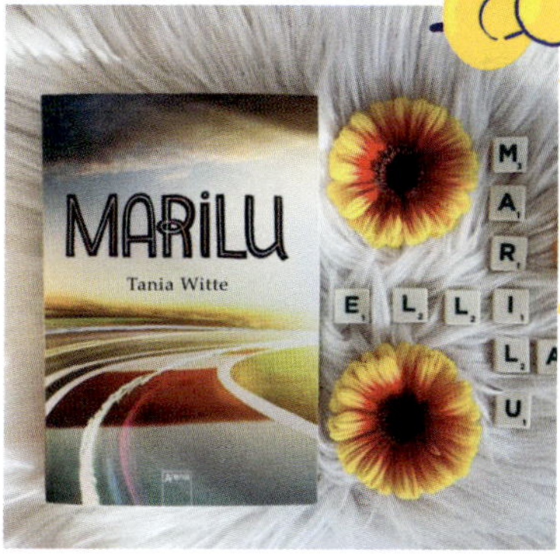
MARILU
Tania Witte

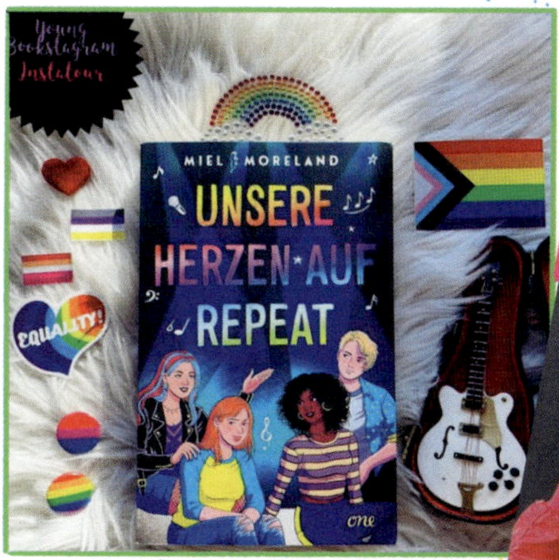
Young Bookstagram Instatour
MIEL MORELAND
UNSERE HERZEN AUF REPEAT
EQUALITY!
one

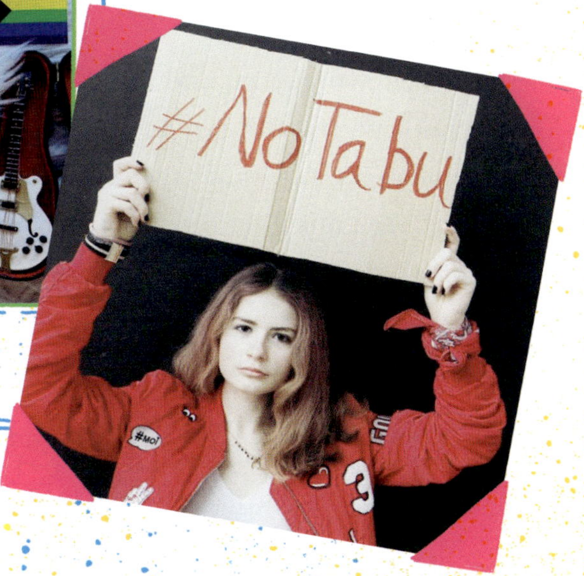
#NoTabu
#MOI

7. SELFCARE AND Selflove

IN DIESEM KAPITEL GEHE ICH DER FRAGE NACH, WIE DIE *sozialen Medien* UNS BEEINFLUSSEN, UND GEBE EIN PAAR GENERELLE TIPPS ZUM THEMA *Selflove & Selfcare*.

Die Zeit zwischen 11 und 18 – die Hormone spielen verrückt, es gibt Streit mit den Eltern und Drama mit Freund*innen, Liebeschaos, Schulstress. Als wäre das noch nicht genug, struggeln viele Jugendliche auch mit ihrer mentalen Gesundheit, und die sozialen Medien spielen da eine große Rolle. Denn die sind zwar einerseits ein mega Gewinn, gleichzeitig erhöhen sie aber auch den Stress. Weil es in diesem Buch auch um Social Media geht, finde ich es wichtig, das Thema Mental Health hier aufzugreifen.

Studien zufolge haben die sozialen Medien große Auswirkungen auf die mentale Gesundheit von Jugendlichen, und gerade bei Mädchen und jungen Frauen können sie der eigenen Körperwahrnehmung schaden. Filter und Fotobearbeitungen tragen zusätzlich dazu bei.

Zwischen Posts von berühmten Influencerinnen wie Kim Kardashian, Hailey Biber oder Kylie Jenner, die mit ihren *Hourglass*-Figuren vor dem Spiegel posieren, und TikTok-Videos von Menschen mit perfekten Gesichtern und Körpern kann es sehr schwerfallen, sich nicht zu vergleichen.

Und weil man natürlich nicht so aussieht wie diese Frauen und einem die ganzen vermeintlichen eigenen Makel auffallen, beginnt man, sich mit dem eigenen Körper unzufrieden zu fühlen (vielleicht findet man sich sogar hässlich), sich zu schämen oder sich darüber zu ärgern. Man hat das Gefühl, man müsste anfangen zu trainieren oder den Körper verstecken, man beginnt, sich viel mehr Gedanken um das eigene Aussehen zu machen, und investiert dafür vielleicht Geld, Energie und Lebenszeit.

Davon sind übrigens auch Jungs betroffen, wenn sie sich regelmäßig die muskelbepackten Körper von männlichen Influencern ansehen, die superbreite Schultern und klar definierte Sixpacks haben. Auch sie können sich unter Druck gesetzt fühlen und trainieren deshalb dann zum Beispiel ständig und/oder entwickeln Essstörungen. Kennst du solche Gedanken auch?

 **MEINE TIPPS:** Achte darauf, welche Posts dafür sorgen, dass du dich schlecht fühlst, und mach dir klar, dass die Personen ihr makelloses Gesicht möglicherweise einem Filter zu verdanken haben. Und dass in ihrem Sixpack oder den trainierten Armen unglaublich viel Zeit und Verzicht und vielleicht auch Qual steckt. Wenn du merkst, dass du dich trotzdem nicht distanzieren kannst, entfolge diesen Kanälen!

Vergiss nicht, dass es der Job dieser Leute ist, so gut auszusehen. Damit kann man sich als Privatperson einfach nicht vergleichen.

Stelle dir die Frage aller Fragen: Ist Schönheit wirklich alles? Oder gibt es nicht ganz andere Qualitäten, die an Menschen wichtig sind? Dass eine*r lustig ist zum Beispiel, lieb und verlässlich, hilfsbereit, ehrlich und mutig. Welche Eigenschaften sind dir bei deinen Freund*innen wichtig? Und wie wichtig ist dir im Vergleich dazu ihr Äußeres?

Suche dir in den sozialen Medien Vorbilder, die weniger gestylt und durchtrainiert sind. Es gibt auch coole Leute, die zu wichtigen Themen posten (oft auch zum Thema Selflove) und dabei ganz natürlich sind. Auf der nächsten Seite sind ein paar Accounts aufgelistet, denen ich folge. Guck doch mal bei ihnen vorbei!

Instagram: @selbst__verliebt, @mariejoan, @itsrolislife

TikTok: @spencer.barbosa (englisch)

YouTube: thewizardliz

BODY *Positivity* UND BODY *Neutrality*

In den letzten Jahren haben sich in den sozialen Medien zwei wichtige Bewegungen entwickelt, die du kennen solltest.

1. DIE BODY-POSITIVITY-BEWEGUNG ...

... entwickelte sich aus dem US-amerikanischen Fat Acceptance Movement der dortigen Black Community. Die Maxime der Body-Positivity-Bewegung ist: Alle Körper sind schön, darum liebe deinen Körper mit all seinen (vermeintlichen) Makeln!

Die Vorteile: Diese Haltung hat schon zu mehr Diversität bei Modeunternehmen wie zum Beispiel H&M geführt, die inzwischen auch Models mit ganz verschiedenen Körperformen und Hautfarben zeigen. Sie fördert Selbstliebe und damit auch die seelische Gesundheit. Und wenn sich weniger Menschen schlecht fühlen und mehr Leute repräsentiert sind, ist das gut für alle!

Der Nachteil: Body Positivity bringt teilweise auch den Druck mit sich, den eigenen Körper lieben zu MÜSSEN. Dabei ist es doch ganz normal und völlig okay, auch mal Tage zu haben, an denen man nicht hundertprozentig damit zufrieden ist. Manche stören sich auch daran, dass bei dieser Bewegung der Körper so im Fokus steht. Sie fragen sich: Geht es nicht eigentlich viel mehr um die inneren Werte?

Diese Leute können sich mit der Body-Neutrality-Bewegung wahrscheinlich eher identifizieren:

2. DIE BODY-NEUTRALITY-BEWEGUNG

Hier geht es um ein neutrales Verhältnis zum eigenen Körper und darum, ihn zu akzeptieren, wie er ist. Gleichzeitig liegt der Fokus darauf, zu schätzen, was der Körper für eine*n tut, und sich auf die inneren Werte und Charaktereigenschaften zu besinnen. Das heißt, sich zum Beispiel zu fragen, was der eigene Körper braucht, um gesund zu sein, oder Sport zu machen, weil man sich danach gut fühlt – und nicht wegen des Aussehens.

VERGLEICHE MIT *Leuten*, DIE DU KENNST

Fast noch schädlicher als das Vergleichen mit Celebrities oder Influencer*innen ist aus meiner Sicht der Vergleich mit Menschen, die man persönlich kennt. Die anderen sind immerhin weit weg, und es ist irgendwie klar, dass Promis viel Zeit, Arbeit und Geld in ihre Körper investieren. Im privaten Umfeld sieht das anders aus. Aber auch hier nutzen manche Filter oder Bildbearbeitungstools, wenn sie Fotos von sich posten. Dessen muss man sich einfach bewusst sein, wenn man sich in der virtuellen Realität der sozialen Medien bewegt.

Und nicht nur die Präsentation des Aussehens, auch die des Lifestyles kann unter Druck setzen und dafür sorgen, dass man sich schlecht fühlt. Zum Beispiel so: Du sitzt abends alleine auf dem Sofa und swipest durch die Insta-Stories einiger Leute, die du kennst. Du siehst, wie sie Partys feiern, mit ihren Freund*innen backen, am Wochenende zusammen spontan ans Meer fahren und das alles natürlich mit dem neusten iPhone festhalten. Wie gerne würdest du auch so coole Sachen machen und auch so ein »perfektes« Leben haben? Die schlechten Gefühle kommen dann wie von selbst ... Dabei war die Party vielleicht gar nicht so cool, wie es scheint, weil alle die ganze Zeit in irgendwelchen Ecken saßen und an ihren Handys hingen. Die Plätzchen wurden vielleicht fünf Minuten lang arrangiert, bis sie so perfekt aussahen - und haben dann nicht mal gut geschmeckt. Und für das Foto am Strand haben deine Mitschüler*innen mit einem Lächeln posiert, obwohl zwischen ihnen eigentlich gerade eine ziemlich angespannte Stimmung herrschte.

Klar, manchmal ist es auch wirklich so toll, wie es auf Insta aussieht, aber oft ist das einfach nicht der Fall. Dann wird die Realität gerne ein bisschen aufgehübscht. Wir alle haben mal gute und mal schlechte Momente, auf Instagram sieht man meistens aber nur erstere. Die Momente, in denen es einem*einer richtig dreckig geht, oder auch Bilder vom normalen Alltag (z. B. vom unaufgeräumten Zimmer) postet nämlich kaum jemand. Und wenn man dann das eigene

Leben mit der gefilterten Insta-Wirklichkeit von anderen vergleicht, fühlt man sich schnell schlecht. Selbst wenn man sich des Ganzen eigentlich bewusst ist, kann eine*n das ziemlich runterziehen.

Daraus kann sich dann der Druck ergeben, zu zeigen, dass man auch auf tolle Partys und Konzerte geht oder coole Sneaker hat und gut aussieht. Dieses dauerhafte Performen-Müssen und sich mit anderen vergleichen kann auf die Dauer echt anstrengend sein und sich negativ auf die Psyche auswirken.

 **MEIN TIPP:** Versuche, dir bewusst zu machen, dass die anderen auch nur Menschen sind, deren Leben genauso Hoch- und Tiefpunkte hat wie deins oder meins. Erinnere dich daran, dass vieles auf Social Media einfach fake ist, lass nicht zu, dass du dich deswegen schlecht fühlst. Mach dir selbst keinen Druck, auch solche Sachen posten zu müssen. Du musst niemandem etwas beweisen!

HILFE BEI *seelischen* PROBLEMEN

Wenn es dir nicht gut geht, solltest du mit anderen Leuten (am besten Erwachsenen) darüber sprechen. Das können deine Eltern sein, Lehrkräfte, der*die Schulpsycholog*in, pädagogische Fachkräfte an deiner Schule oder im Jugendzentrum. Wenn dir keine*r einfällt oder du lieber anonym über deine Probleme sprechen möchtest, findest du hier Hilfe und Unterstützung:

★ JUUUPORT: Online-Beratung von Jugendlichen für Jugendliche zum Thema Cybermobbing, Sexting, Cybergrooming, Hass im Netz, Mediensucht, Fake News, Datenklau und Social Media generell. Die Beratung erfolgt über einen Chat auf Juuuport.de oder WhatsApp.

★ KINDER- UND JUGENDTELEFON (»Nummer gegen Kummer): Montag bis Samstag von 14 bis 20 Uhr erreichbar. Telefon: 0800 111 0 333 und 116 111

★ TELEFONSEELSORGE (täglich 24 Stunden erreichbar): 0800 111 0 111 oder 0800 111 0 222

 Stress FAKTOREN BEI BOOKSTAGRAM & BEIM Bloggen

SICH VERGLEICHEN

Wenn du bei Bookstagram aktiv bist, wirst du ganz automatisch sehen, wie viele Follower*innen andere haben und wie viele Likes sie für ihre Posts bekommen. Und es kann gut sein, dass du dich mit ihnen vergleichst. Aber du solltest dich deswegen nicht schlecht fühlen! Vergiss nicht: Alle haben mal klein angefangen, und wenn die andere Person schon länger mit dabei ist, mehr Erfahrung hat als du und bereits viel Zeit und Arbeit in ihren Account gesteckt hat, kannst du dich nicht mit ihr vergleichen. Außerdem geht es nicht darum, miteinander zu konkurrieren, sondern darum, sich gegenseitig zu unterstützen und besonders schöne Posts und Ideen zu feiern.

Aktions TIPP:
Frag eine*n erfolgreiche*n Bookstagramer*in, ob er*sie sich dein Profil mal anschauen möchte: Wenn du Glück hast, gibt er*sie dir ein paar Tipps oder macht sogar ein *Shoutout* für dich – sei aber auch nicht enttäuscht, wenn es nicht klappt. Wenn du merkst, dass dich die Anzahl deiner Likes sehr stresst, kannst du bei Instagram in den Einstellungen festlegen, dass sie dir nicht mehr angezeigt werden. Wie das geht, erkläre ich dir auf Seite 124.

REZENSIONSEXEMPLARE

Gerade am Anfang kann es vorkommen, dass Anfragen nach Rezensionsexemplaren von Verlagen abgelehnt werden. Dann gilt es, nicht zu verzweifeln. Wenn dich das Buch wirklich interessiert, dann kaufst du es dir eben (gebraucht?), hältst nach einem Gewinnspiel Ausschau oder holst es dir in der Bib. Schon gesehen? In Kapitel 3 findest du ganz viele Ideen, wie du an neuen Lesestofft kommst.

GENERELLE UNSICHERHEITEN

Es kann auch gut sein, dass du irgendwann mal eine Phase hast, in der du unsicher wirst. Dann hast du vielleicht viele Zweifel im Kopf. Zum Beispiel:

- ★ Sehe ich gut genug aus?
- ★ Klingt meine Stimme okay?
- ★ Sind meine Fotos schön genug?
- ★ Sind meine Klamotten cool?
- ★ Sind meine Texte ausreichend?
- ★ Müsste ich nicht einen ästhetischeren Feed haben?

Erst mal: Das ist ganz normal! Mich haben in unterschiedlichen Phasen solche Fragen auch schon gequält, und so geht es wahrscheinlich fast allen Bookstagramer*innen.

Meine Sicht: Lass dich nicht verunsichern, und mach einfach dein Ding. Es zählt nur, was DIR gefällt und was DU zeitlich schaffst!

Und wenn du einfach du bist und dich nicht verstellst, dann werden die Leute das schätzen. Und wenn nicht (was ich nicht glaube), dann kann dir das auch egal sein, denn solche Leute willst du gar nicht als Follower*innen haben. Vergiss nicht: Die Hauptsache ist, dass du Spaß mit deinem Account hast!

ZAHLEN, ZAHLEN, ZAHLEN

Manche stressen sich auch mit der Anzahl an Posts, die sie pro Woche online stellen, oder der Menge an Büchern, die sie im Monat lesen. Diese Zahlen sind aber wirklich nicht wichtig. Es ist total egal, wie viele Bücher du liest oder wie oft du postest. Lass dich davon nicht stressen – ich kenne Leute, die nur alle paar Monate etwas posten, und das ist völlig okay. Die Häufigkeit deiner Posts kannst du natürlich auch verändern und zum Beispiel weniger als sonst posten, wenn du gerade viel für die Schule zu tun hast oder dir phasenweise andere Hobbys wichtiger sind. Mach dir keinen Druck!

Und wenn das Posten so viel Zeit in Anspruch nimmt, dass zum Lesen kaum noch Zeit bleibt oder dir einfach alles zu viel wird? Dann gönn dir eine Bookstagram-Auszeit! Ich pausiere meinen Account in den Sommerferien meistens für ein paar Wochen, damit ich die Ferien genießen kann und mir keine Gedanken um Posts oder Ähnliches machen muss. Ein paar Stories poste ich meistens trotzdem ab und zu, wenn mir danach ist. Auch meinen Blog habe ich schon öfter für eine längere Zeit pausiert, weil es mir mit zwei Kanälen (Blog und Bookstagram) einfach zu viel war.

TIPP: Wenn du auf mehreren Plattformen aktiv bist, fokussiere dich für einige Zeit nur auf eine. Und falls du dich sorgst, dass du dadurch einen Teil deiner Abos verlieren könntest: Wäre das denn so schlimm? Du wirst später wieder neue gewinnen. Mich haben bei meinen Pausen bisher übrigens kaum Follower*innen verlassen.

ZU VIELE BÜCHER, ZU VIELE REZENSIONEN

Viele Bookstagramer*innen sind irgendwann an einem Punkt, an dem es sich so anfühlt, als würden sie kaum noch hinterherkommen mit den ganzen Rezensionen. Das verstehe ich total! Deswegen hier fünf Tipps von mir:

★ Bestell dir nur Bücher, auf die du wirklich Lust hast – und auch nicht zu viele auf einmal, damit du noch mit dem Rezensieren hinterherkommst. Zur Not kannst du sie auf deine *WuLi* schreiben und dann später immer noch nachbestellen, kaufen oder in der Bib ausleihen.

★ Bau erst deinen *SuB* ab, bevor du dir neue Bücher kaufst beziehungsweise neue Rezensionsexemplare bei Verlagen bestellst. Ich weiß, für die meisten *Bookies* ist das eine echte Herausforderung (zum Beispiel für mich, haha), aber du kannst es ja mal versuchen, und am Anfang, wenn der SuB noch nicht so hoch ist, sollte das auch klappen.

★ Einige Bookstagramer*innen fühlen sich unter Druck gesetzt, weil sie denken, sie müssten alle Bücher zu Ende lesen und rezensieren. Da kann ich dich beruhigen: Niemand zwingt dich, ein Buch zu Ende zu lesen, das du nicht magst! Im Zweifel freuen sich Autor*innen oder Verlage sogar, wenn du keine negative Rezension machst (mehr dazu auf Seite 54 und 55). Und letztendlich ist es doch schade, wenn du dich wochenlang quälst und dafür andere tolle Geschichten auf deinem SuB vergammeln. Leg das Buch zur Seite und gib ihm später eine neue Chance.

★ Ich hatte es schon öfter, dass mir Verlage ungefragt Bücher zugeschickt haben. Das ist natürlich erst mal cool, und es waren auch schon ein paar echt nice Bücher dabei, die ich gerne gelesen und rezensiert habe. Manche waren aber auch so gar nicht mein Fall. Wenn du in so eine Situation kommst, setz dich nicht unter Druck. Der Verlag kann nicht von dir erwarten, dass du nicht bestellte Bücher liest bzw. rezensierst. Sie freuen sich natürlich darüber, aber du bist zu nichts gezwungen. Manchmal bieten dir Verlagsleute auch Bücher an, und du sagst aus Höflichkeit oder aus Angst, dass sie dich nie wieder fragen, »Ja«. Mein Tipp: Trau dich, »Nein« zu sagen, wenn ein Buch dich nicht wirklich interessiert oder wenn du keine Zeit oder Kapazitäten hast.

★ Vielleicht kommen auch Autor*innen auf dich zu, die ihre Bücher nicht über einen Verlag veröffentlichen, sondern über

Plattformen wie Books on Demand (BoD). Für dich bedeutet es neuen Lesestoff und eine neue Erfahrung. Aber auch hier gilt: Wenn es zu viel wird oder das Buch nicht deinen aktuellen Vorlieben entspricht, sag freundlich ab. Mehr zum Umgang mit Anfragen von Autor*innen kannst du ab Seite 81 lesen.

 **TIPP:** Überlege dir für Absagen einen höflichen Text und speichere ihn in deiner Notiz-App. Dann musst du nicht jedes Mal neu formulieren, sondern nur immer ein wenig personalisieren.

ONLINE IST NICHT ALLES!

Bei dem ganzen Social-Media-Kram ist es wichtig, nicht zu vergessen, das Handy auch mal zur Seite zu legen und stattdessen zum Beispiel einen Familienspielabend zu veranstalten, mit deiner Schwester oder deinem Bruder zu lauter Musik durch die Wohnung zu tanzen oder was mit Freund*innen zu machen.

MEINE LIEBSTEN *Selfcare*-TIPPS!

Von Bookstagram, aber auch aus dem real life weiß ich, dass viele Jugendliche sich gerne wohler mit sich selbst fühlen würden. Falls es dir auch so geht, helfen dir vielleicht ein paar der Tipps, die ich hier zusammengetragen habe.

DIE EIGENEN GRENZEN KENNEN:

Ich lerne für die Schule manchmal erst kurz vor einer Arbeit, wenn ich es zeitlich nicht anders schaffe. Dann lerne ich total viel, oft bis spät, und irgendwann gibt es dann einen Punkt, an dem ich merke, ich bin so müde, dass ich nicht weiterlernen kann. Und dann sage ich mir: »Ich habe jetzt so viel gelernt, wie ich konnte, der Rest liegt nicht mehr in meiner Hand.« Und selbst wenn es dann keine gute Note wird, ist das okay für mich, weil ich weiß, dass ich alles gegeben habe.

ERFOLGE FEIERN UND SICH SELBST BELOHNEN:

Wir alle haben mal eine harte Woche oder eine schwere Challenge zu bewältigen. Ich lobe mich danach immer selbst dafür, dass ich das gut gemeistert habe, und hole mir dann gerne ein Eis als Belohnung.

EIN LIEBEVOLLER UMGANG MIT DIR SELBST:

Viele Jugendliche haben einen sehr kritischen Blick auf sich selbst und gehen teilweise sehr hart mit sich ins Gericht. In den letzten Jahren habe ich mir einen rücksichtsvolleren Blick auf mich selbst und einen liebevolleren gedanklichen Umgangston zugelegt. Versuche doch mal, zu dir selbst wie zu einer guten Freundin oder einem guten Freund zu sprechen. Oder wie zu einer kleinen Schwester oder einem kleinen Bruder – mit ihr*ihm würdest du wahrscheinlich auch mehr Nachsicht haben, oder? Mach dich zum Beispiel nicht fertig wegen den peinlichen Nachrichten, die du vor drei Jahren deinem damaligen Crush geschickt hast, sondern sag dir:

- ★ damals war ich noch viel jünger und unerfahrener
- ★ ich war einfach zum ersten Mal verliebt, das ist doch eigentlich ganz süß
- ★ warum sich jetzt verrückt machen wegen Sachen, die schon Monate oder sogar Jahre zurückliegen, das hat er*sie wahrscheinlich eh schon längst vergessen

ZEIT ZUM ENTSPANNEN:

Hin und wieder brauche ich einfach mal etwas Zeit für mich, gerade wenn viel Stress in der Schule ansteht. Aber manchmal auch, um meine sozialen Batterien wieder aufzuladen, wenn ich gerade besonders viel mit Freund*innen und anderen Gleichaltrigen mache. Diese Zeit nehme ich mir dann auch: Ich lege mich zum Beispiel auf mein Bett und mache nichts, oder ich lese. Mehr zu meinen Chill-Routinen & weitere Tipps findest du weiter hinten im Kapitel.

 **MEIN TIPP AN DICH:** Versuche, dir ab und zu Zeit zum Entspannen zu nehmen und ein Gespür dafür zu entwickeln, wann dein Körper und dein Geist eine Pause brauche 😊.

1. Selbstvertrauen: Wenn es irgendwelche schweren Challenges gibt, sage ich mir: »Ich bekomme das schon hin!« Und selbst wenn es total schlecht läuft, weiß ich, dass ich das irgendwie überstehen werde. Auch wenn es sich in dem Moment vielleicht so anfühlt wie das Ende der Welt.

2. Ein generelles Vertrauen – in das Universum, das richtige Timing, das Leben, das Schicksal, was auch immer. Ich glaube, dass alles so passiert, wie es passieren soll, auch wenn es manchmal erst später Sinn ergibt. Das bedeutet nicht, dass wirklich ALLES gut und richtig ist, und auch nicht, dass man nichts an der eigenen Situation ändern kann oder sollte. Dieses innere Vertrauen, dass alles aus einem Grund passiert, gibt mir Stabilität und eine gewisse innere Ruhe.

GLÜCKSTAGEBUCH SCHREIBEN:

Jeden Abend gehe ich im Kopf durch, was an dem Tag so passiert ist. Dann schreibe ich meine Highlights auf und auch, worauf ich mich am nächsten Tag freue. Ja, manche Tage laufen einfach scheiße. Meistens ist aber trotzdem irgendetwas Gutes passiert, und das notiere ich dann. Warum ich das mache? Weil wir Menschen dazu neigen, uns vor allem auf das Negative zu fokussieren. Das Glückstagebuch-Schreiben hilft mir, meinen Fokus auf das Positive zu lenken, und die schönen Seiten des Lebens zu sehen. Ich merke, dass es mir besser geht, wenn ich das mache, sowohl in dem Moment als auch auf lange Sicht. Wichtig ist aber auch, sich nicht verrückt zu machen, wenn man mal einen Abend auslässt.

Auch schön: Alte Glückstagebücher von früher durchzublättern und nachzulesen, was mich damals bewegt hat, und mich an schöne Erlebnisse zu erinnern.

EINFACH MAL UMARMEN:

Manchmal tut es gut, sich einfach mal selbst zu umarmen. Ich kuschel auch gerne mit meiner Schwester, manchmal auch mit meinen Eltern, und ich finde, dafür muss man sich nicht schämen, auch wenn man kein (kleines) Kind mehr ist. Wir alle brauchen Umarmungen von Menschen, die uns nahestehen – ob von einer Freundin oder einem Freund, einem Familienmitglied oder auch von dir selbst. Außerdem ist es wissenschaftlich bewiesen, dass Umarmungen Glückshormone auslösen 😊.

ALTE HOBBYS WIEDERENTDECKEN:

Als ich jünger war, habe ich es geliebt, zu puzzeln, das dann aber Ewigkeiten nicht mehr gemacht - bis zu dem Sommer, als ich 16 wurde. Da habe ich für eine Woche in England in einer Gastfamilie gewohnt und dort mit der jüngsten Tochter oft gemeinsam gepuzzelt. Dabei habe ich wieder gemerkt, wie viel Spaß mir das macht und was für eine beruhigende Wirkung es auf mich hat.

AktionsTIPP:
Überlege, was DIR früher Spaß gemacht und dich entspannt hat. Vielleicht haben auch deine Eltern oder andere ältere Verwandte eine Idee? Und wenn du Lust hast, probiere es doch einfach mal wieder aus!

MEINE *Chill*-LISTE:

Du brauchst dringend Entspannung? Jetzt sofort? Hier verrate ich dir, was ich gerne mache, um runterzukommen:

★ Es gibt ein paar Positionen, die mich »erden« und entspannen. Zum Beispiel auf dem Sofa sitzen und lesen, auf meinem Bett chillen und einfach nichts machen, nachts um ein Uhr im Wohnzimmer auf dem Teppich liegen und Musik hören oder auf dem Sofa mit den Beinen an der Wand durch das Fenster darüber den (Sternen)Himmel beobachten. Besonders schön ist das bei Gewitter, wenn der Wind durch die Blätter rauscht.

* In den Ferien mache ich manchmal nachts ein Workout. Ich finde das total entspannend, weil es viel ruhiger ist als tagsüber.

* Sich im Spätsommer mitten in der Nacht auf den Balkon setzen, die Augen schließen und einfach die Kühle der Nacht genießen – ich mag solche *(late) night vibes* ...

* Spontan etwas backen oder einen yummy Erdbeer-Banane-Milkshake machen! Ich liebe spontane Aktionen, besonders wenn dabei auch noch etwas Leckeres entsteht, wie zum Beispiel Apple Crumble mit Vanillesoße, mmmh! (Das Rezept findest du auf Seite 217.)

* Ein warmes Schaumbad nehmen und danach in ein Bett mit frisch bezogenen Laken fallen lassen ... Dieser Geruch und dieses Gefühl von frisch gewaschener Bettwäsche sind einfach *muoa* *Chef's kiss*, und nach einem Bad ist es einfach noch mal nicer.

* Ich liebe es, mit dem Auto nachts durch die Stadt zu fahren – ohne Brille oder Kontaktlinsen, mit offenem Fenster und lauter Musik, draußen die verschwommenen Lichter und das Gefühl von Nachtluft auf der Haut und Fahrtwind in den Haaren ... (Und keine Sorge, ich fahre natürlich nicht selbst, ich hab ja noch keinen Führerschein und ohne Brille oder Kontaktlinsen wäre das wahrscheinlich auch ein bisschen ungünstig, haha ...)

* Freitagabend – Familientradition. Während der Coronazeit haben wir uns angewöhnt, uns freitagsabends etwas zu essen zu holen, manchmal belegen wir uns aber auch selbst Pizza oder machen vegetarische Burger. Danach gucken wir zusammen einen Film. Das finde ich immer voll schön 😊.

* Snacks – damit kann man, glaube ich, nichts falsch machen. Meine persönlichen *All-Time-Favourites* sind: a) Tortillachips (ich mag die einfache Variante nur mit Salz) b) Eis (meine Lieblingssorte ist Belgische Schokolade) c) Pistazien d) Vollmilchschokolade mit Salzbrezeln e) getrocknete Mango f) Schokoladenpudding g) Tomate-Mozzarella-Spieße h) Gouda-Weintrauben-Spieße i) gefriergetrocknete Erdbeeren j) Mango, Ananas, Honigmelone oder andere frische Früchte 😊.

TIPP: Erstelle dir eine Chill-Box! Ein entspannender Duft, Snacks, eine Playlist mit Musik, die dich zur Ruhe bringt … Wann immer du das Bedürfnis hast, kannst du dich daran bedienen und dir das nehmen, was du gerade brauchst:) Und nicht vergessen, die Box später wieder aufzufüllen 😉.

AktionsTIPP:
Erstell dir deine eigene Chill-Liste: Überlege, wie
du gut entspannen kannst, und schreibe es dir
auf. Hier ist dafür Platz:

Notizen

BADEMUFFIN

Du brauchst dafür:

Aus dem Drogeriemarkt:

300 g   Natron

150 g   Zitronensäure

50 ml Öl   (z. B. Jojobaöl, Kokosöl, Mandelöl, Olivenöl)

5 Tr.   ätherisches Duftöl (z. B. Rose, Orange oder Lavendel)

★   Muffinförmchen aus Papier oder Silikon

Aus der Backabteilung im Supermarkt:

70 g   Speisestärke

★   Lebensmittelfarbe in Rot, Gelb oder Blau (besser Paste als flüssig)

Außerdem:

Getrocknete Blüten (gibt es in großen Bastelgeschäften, in Gewürzläden, online, oder ihr trocknet selbst ein paar Blüten), auch getrocknete Orangenscheiben oder Zimtstangen können nett sein

UND SO GEHT'S:

Vermische zunächst das Natron, die Stärke und die Zitronensäure miteinander und dann das Öl mit dem Duftöl. Gib dann den Öl-Mix zu den trockenen Zutaten und knete alles gut durch. Einen Teil der Masse oder auch alles kannst du, wenn du Lust hast, mit der Paste einfärben.

Die fertige Masse sollte sich wie feuchter Sand anfühlen. Fülle sie in die Form und drücke zum Schluss zur Dekoration noch einige Blüten, Orangenscheiben o. Ä. darauf. Nun lass dein Werk ein bis zwei Tage lang gut durchtrocknen. Eilige können den Bademuffin aber auch schon sofort einsetzen.

Eine super Idee für deine Chill-Box und extra viel Quality-Time!

Apple CRUMBLE

Du brauchst dafür:

5	große Äpfel
90 g	braunen Zucker
150 g	Mehl
90 g	kalte Butter (eventuell vegan)
★	etwas Zimt

→ Falls du Äpfel nicht magst oder keine dahast, kannst du auch Birnen nehmen, Kirschen, Rhabarber, Johannisbeeren, Erdbeeren oder Himbeeren.

UND SO GEHT'S:

Heize den Backofen auf 200 Grad (Ober- und Unterhitze) oder 180 Grad (Umluft) vor. Schäle die Äpfel, schneide sie in kleine Stücke und lege sie in eine Auflaufform.

Schneide die Butter in ganz kleine Stücke und verknete sie in einer Schüssel so mit dem Mehl, dem Zucker und dem Zimt, dass Streusel entstehen. Das geht am besten mit den Händen. Die Streusel packst du auf die Äpfel drauf, dann kommt die Auflaufform für ca. 30 Minuten in den Ofen.

Besonders gut schmeckt der Crumble warm und mit Vanilleeis oder Vanillesoße. Hmmmmmm – lecker!

Wenn ich den backe, freut sich meine ganze Familie 😊

NiCE CREAM
(vegan)

Du brauchst dafür:

2	reife (gerne auch sehr reife, ist völlig okay, wenn sie schon braune Stellen auf der Schale haben) Bananen
6-8	tiefgekühlte Erdbeeren
★	Kakaonibs oder vegane Schokostückchen

UND SO GEHT'S:

Schneide die Bananen in kleine Stücke, lege sie in eine verschließbare Dose und stell diese für einige Stunden in den Tiefkühlschrank. Lass die tiefgefrorenen Bananenstücke und eine Handvoll TK-Erdbeeren dann ca. 10 Minuten in einer Schüssel antauen. Püriere die Früchte anschließend mit einem Pürierstab, bis eine Masse entstanden ist, die wie Eis aussieht. Fertig ist deine Nice Cream!

Mir schmeckt sie am besten mit ein paar darüber gestreuten Kakaonibs oder geraspelter Schokolade. Statt tiefgekühlten Erdbeeren kannst du auch tiefgekühlte Mango oder Himbeeren verwenden. Oder auch einfach nur Banane und Schoko nehmen.

Yummie!!!

Perfekt für Filmabende 😉

QUESADILLAS

Wenn ich aus der Schule komme und Hunger habe, mache ich mir gerne einen Quesadilla. Der ist auch super zum Teilen mit Freund*innen oder der Familie, falls ihr mal einen kleinen (leckeren) Snack benötigt.

Du brauchst dafür:

2   runde Weizentortillas (gibt es als Packung im Supermarkt, auch in der Variante Vollkorn und Dinkel)

3   Scheiben Cheddarkäse

        Schmand

1   reife Avocado

★   (und eventuell auch Salsa Mexicana, Guacamole, Paprika und Frühlingszwiebeln)

UND SO GEHT'S:

Leg einen Tortillafladen in eine große Pfanne (kein Fett nötig), belege ihn mit dem Cheddar und bedecke den Käse mit dem zweiten Tortillafladen. Jetzt erwärme die Pfanne vorsichtig. Dreh den Quesadilla nach ein paar Minuten mit einem Pfannenwender um. Er ist fertig, wenn beide Seiten leicht gebräunt sind und der Käse geschmolzen ist. Ich schneide ihn dann mit einem Pizzarad in mehrere Dreiecke und streiche etwas Schmand und reife Avocado darauf. Wenn du möchtest, kannst du auf den Käse auch noch kleine Stückchen Paprika und/oder Tomate legen oder auch ein paar Ringe einer Frühlingszwiebel, bevor du den zweiten Tortillafladen obendrauf packst. Meine Eltern lieben es, zusätzlich zum Schmand und zur Avocado auch noch etwas scharfe rote Salsa-Soße auf ihren fertigen Quesadilla zu streichen. Statt Avocado kannst du natürlich auch richtige Guacamole nehmen.

WAS MEINE GENERATION VON DER GEN Z LERNEN KANN

Ich bin Jahrgang 1974 und damit eine typische Vertreterin der Generation X. Wir sind die, die nach den Boomern (Jahrgänge 1950 bis 1965) kamen und vor den Millenials (Jahrgänge 1980 bis 1995, auch Generation Y genannt). Der Begriff Generation X ist vor allem in den USA geläufig und bezieht sich auf das gleichnamige Buch des kanadischen Autors Douglas Coupland aus dem Jahr 1991.

Meine Generation (das gilt für die, die studierten) war die erste, für die es normal war, einen Teil des Studiums im Ausland zu verbringen. Auch in meinem Umfeld gingen fast alle mit dem EU-Programm »Erasmus« für ein halbes oder ganzes Jahr nach Irland oder Frankreich, Spanien, Schweden oder Italien. Die zweite Besonderheit: Wir machten (fast) alle unglaublich viele Praktika, weswegen wir auch gerne »Generation Praktikum« genannt wurden. Diese Praktika waren in der Regel unbezahlt. Und Stellen, die man uns in Unternehmen oder Redaktionen anbot, waren häufig befristet, das heißt, der Vertrag ging nur über ein oder vielleicht zwei Jahre. Beides akzeptierten wir in der Regel klaglos. Ob als Angestellte oder auch freiberuflich – wir neig(t)en zur Selbstausbeutung. Auf unsere Gesundheit (egal ob die körperliche oder die seelische) achteten wir weniger als jüngere Menschen heute, und die Arbeit hat(te) für uns immer Priorität. Ich glaube, diese Härte gegen sich selbst kam einerseits durch die Durchhalteparolen und das Vorbild unserer eigenen Eltern, die den Zweiten Weltkrieg als Kinder miterlebt hatten oder in der unmittelbaren Nachkriegszeit geboren wurden. Hunger, Tod, Verlust, Zerstörung und in gewisser Weise auch noch die nachklingende »Kruppstahl-Mentalität« (alle sollten »hart wie Kruppstahl« sein, also wenig Emotionen zeigen) des Nationalsozialismus hatten sie ein Stück weit mitgeprägt, auch wenn viele versuchten, sich als Erwachsene davon zu befreien. Durch das Schulsystem und die Lehrkräfte wuchsen auch diejenigen in unserer Generation mehr oder weniger mit diesen Haltungen auf, deren Eltern aus anderen Ländern nach Deutschland eingewandert waren. Zahlenmäßig waren wir X-ler*innen eine überschaubare Gruppe und viele Stellen von den geburtenstarken Jahrgängen vor uns (den Boomern) auf unbestimmte Zeit belegt. Wir mussten sehen, wo und wie wir unseren Platz in der Berufswelt fanden und sicherten.

Heute sieht die Welt anders aus. Schon lange ist klar, dass es einen Mangel an Fachkräften geben wird, wenn die Boomer in Rente gehen. Diese Zeit hat bereits begonnen – in vielen Branchen und Bereichen werden schon jetzt dringend Nachwuchskräfte gesucht.

Deswegen müssen sich die Jugendlichen von heute, die Gen Z, nicht so viele Sorgen darüber machen, ob sie einen Arbeitsplatz finden werden (auch wenn es manche von euch natürlich trotzdem tun). Dafür fragt ihr euch zu Recht, wie dieser Planet überleben kann – und damit die Menschheit. DAS ist das wichtigste Problem unserer Zeit.

Ein weiterer wichtiger Unterschied: Viele von euch begreifen Arbeit als einen Teil des Lebens. Einen Teil, der zwar wichtig ist, aber eben auch nicht wichtiger als das gesundheitliche und seelische Wohlbefinden. Zu Letzterem gehört auch, das Wohlbefinden von marginalisierten Gruppen zu sehen, es anzuerkennen und mitzudenken. Ich glaube, auch darum sind vielen von euch gendergerechte Sprache und die Ächtung bestimmter verletzender Begriffe so wichtig. Die sozialen Medien, in denen ihr noch viel mehr zu Hause seid als meine Generation, tragen dazu bei, sich dieser Themen bewusst zu werden, sich dazu auszutauschen oder auch Hilfe zu suchen und zu finden. Wenn wir X-ler*innen uns mit solchen Fragen damals überhaupt beschäftigten, dann waren wir viel stärker auf uns alleine gestellt – vor allem dann, wenn wir nicht in großen Städten wohnten. Aber es ist nie zu spät, sich weiterzuentwickeln: Von der Akzeptanz des eigenen Körpers bis zu Selfcare und Respekt gegenüber allen Menschen, unabhängig von ihrer Herkunft, ihrem Geschlecht, ihrer sexuellen Orientierung, ihrem Aussehen oder ihren Fähigkeiten, wie auch gegenüber der Natur und den Tieren – es gibt vieles, was meine Generation von euch lernen kann.

2022

8. USE your VOICE

HIER ERFÄHRST DU, WIE DU DEINE *Reichweite* FÜR *wichtige* THEMEN EINSETZEN KANNST – UND WARUM DAS *gut* IST.

Als ich mit dem Buchbloggen und Bookstagramen begann, ging es in meinen Posts ausschließlich um Bücher und buchige Erlebnisse. Bald danach fing ich auch an, mich für das Thema Gleichberechtigung zu interessieren. Ich ärgerte mich über die Macho-Sprüche von Typen aus meiner Klasse, und mir wurde immer mehr bewusst, dass es Männer sind, die immer noch auf vielen Ebenen das Sagen haben, und dass Mädchen und Frauen oft benachteiligt werden. Mein Wunsch nach Gerechtigkeit bezog sich vor allem auf weiblich gelesene Personen – dass es mehr als zwei Geschlechter gibt und dass *nicht-binäre* oder *genderfluide* Menschen ebenso wenig gleichberechtigt sind (und oft auch richtig krass diskriminiert werden), war mir damals noch nicht so wirklich bewusst.

MEIN ERSTER GESELLSCHAFTSPOLITISCHER POST

Im Sommer 2018 las ich das Buch »Good Night Stories for Rebel Girls – 100 außergewöhnliche Frauen«[13]. Ich glaube, es war das erste Buch mit Porträts von Frauen, das sich an Kinder und Jugendliche richtete. Es war unglaublich erfolgreich, weswegen später noch viele weitere, ähnliche Bücher bei anderen Verlagen folgten. Mich haben die »Rebel Girls« damals echt bewegt – so sehr, dass ich beim Lesen sogar ein paarmal weinen musste. Ich habe das Buch dann auf meinem Blog besprochen und einen Post dazu auf Bookstagram gemacht, in dem ich auf die Rezi verwies. Im November 2018 las ich die Fortsetzung: »Good Night Stories for Rebel Girls 2: Mehr außergewöhnliche Frauen« und machte wieder einen Post. Im Herbst 2019 durfte ich sogar Francesca Cavallo, eine der beiden Autorinnen, interviewen, was für mich ein absolutes Highlight war.

Anfang 2019 kam mir die Idee, an den Tagen vor dem 8. März auf meinem Blog und bei @lesehexemimi ein Special zu gestalten und verschiedene feministische Jugendbücher und Comics vorzustellen. Ich machte frühzeitig einen Plan, welche das sein sollten, und bat Verlage um Rezensions- und einige auch um Gewinnspielexemplare.

---

13) Von Elena Favilli und Francesca Cavallo, 2017 erschienen beim Carl Hanser Verlag

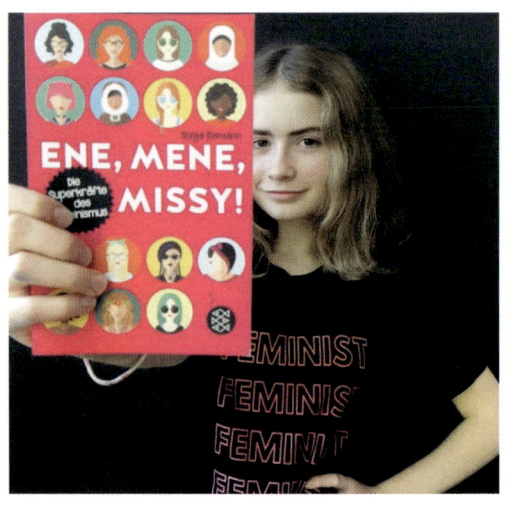

Mithilfe einer App entwarf ich ein *Banner*, mit dem ich die Woche beginnen und enden lassen wollte. Es kam dann als *Trenner* in meinem Feed bei Bookstagram und als übergeordnetes Bild auf meinem Blog zum Einsatz. Diese Aktion vom 01. bis zum 08. März kam bei meinen Follower*innen gut an, vor allem aber machte es mich selbst sehr stolz und zufrieden. Ich hatte ein gesellschaftspolitisches Thema in die Öffentlichkeit gebracht, Leute dafür interessiert und das Ganze auch noch mit passenden Büchern verbunden.

Im Frühjahr 2020 fing ich an, mich noch stärker für diese Themen zu interessieren, und begann, verschiedenen feministischen und gesellschaftspolitischen Accounts bei Instagram zu folgen, und durch den *Algorithmus* (mehr zum Thema Algorithmus

liest du auf Seite 238) wurden mir dann immer mehr solcher Beiträge angezeigt. Außerdem las ich verschiedene Sachbücher zum Thema Feminismus, die mir wirklich die Augen öffneten. Ich verstand plötzlich, auf wie vielen verschiedenen Ebenen Frauen und weiblich gelesene Personen in unserer Gesellschaft sexualisiert und benachteiligt werden, und habe das dann auch immer mehr in meinem Alltag wiedererkannt. Es war echt wichtig für mich, diese informierenden Sachbücher, aber auch Romane zu lesen, in denen Mädchen in meinem Alter sich gegenseitig empowern und zusammentun, um gegen Diskriminierungen aufzustehen und zu kämpfen. Dieses Gefühl, sich gemeinsam zu engagieren, diese Power, die dahintersteckt – das hat mich sehr berührt, geprägt und inspiriert. 2020 bin ich

dann auch zum ersten Mal auf die Demo zum feministischen Kampftag am 8. März gegangen, und da habe ich dieses empowernde Gefühl wieder verspürt.

2020

Im Mai 2019 machte ich bei Bookstagram einen Post zum Thema »No Hate Speech«, in dem es darum ging, dass Leute aufhören sollten, in der Schule und anderswo rassistische, queer- und frauenfeindliche Sachen zu sagen. Der Hintergrund war, dass es damals in meiner Klasse und in der ganzen Jahrgangsstufe damit ein Problem gab. Ich versuchte, dagegen anzukämpfen, war damit aber ziemlich alleine. Ich weiß nicht, wie viele Leute aus meiner Stufe dann diesen Post gesehen haben – wahrscheinlich nur ein paar, denn bei Bookstagram folgten mir damals nur wenige aus der Schule –, aber mir tat es einfach gut, das Thema öffentlich anzusprechen.

In der Zeit bekam ich viel positives Feedback aus meiner Community, und auch das tat mir gut. Natürlich sprach ich mit meinen Eltern über diese Themen und erhielt auch von ihnen sehr viel Support. Den nun aber auch von Leuten zu bekommen, die ich nicht persönlich kannte und die teilweise ihre Geschichten erzählten, das gab mir noch mal ein extragutes Gefühl. Dies war der erste Post von mir zu einem für mich wichtigen Thema, in dem kein Buch zu sehen war.

Mit der Zeit kamen auch noch andere gesellschaftspolitische Diskriminierungsthemen hinzu wie Anti-Rassismus, Anti-Queerfeindlichkeit, Anti-*Ableismus* und Anti-Fatshaming, aber auch Umweltschutz etc. Zu diesen Themen habe ich ebenfalls immer mehr gelesen und angefangen darüber zu posten.

Auch das Thema *Gendern* wurde mit der Zeit immer wichtiger für mich: Ich fing an, in meinen Beiträgen mit dem Sternchen zu gendern, denn ich finde, Sprache ist megawichtig, weil sie unser Denken beeinflusst – und damit unser Handeln und unsere Gesellschaft. Keine*r sollte dadurch benachteiligt werden. Vom generischen Maskulinum (zum Beispiel, wenn eine Lehrkraft »liebe Schüler« sagt und damit auch die anwesenden nicht-männlichen Personen meint) fühle ich mich schon lange nicht mehr angesprochen! Über das Thema Gendern habe ich im Mai 2022 übrigens meine mündliche Präsentation zum Mittleren Schulabschluss[14] gehalten.

DIESE POSTS ZU GESELLSCHAFTSPOLITISCHEN THEMEN FINDEN SICH AUF MEINEN KANÄLEN:

BÜCHER MIT EINEM BESTIMMTEN THEMA – ZUM BEISPIEL RASSISMUS, KRIEG, QUEERNESS, FEMINISMUS, UMWELTSCHUTZ ODER AUCH MENSTRUATION ALS TABU:
Dazu gibt es meistens einen Anlass. Das kann ein bestimmter Tag sein oder ein Vorfall. Dann suche ich ein Buch, das dazu passt. Oder es

---

14) An manchen Berliner Gymnasien mussten die Schüler*innen der 10. Klassen bis 2023 den Mittleren Schulabschluss (MSA) ablegen.

Internationaler Tag gegen Rassismus

gibt ein neues Buch zu einem bestimmten Thema, dann zeige ich das und schreibe auch, was meine eigenen Gedanken dazu sind. Manchmal poste ich ohne Anlass, zum Beispiel zum Thema Schullektüre, denn ich finde es einfach megawichtig, dass in Schulen auch mal aktuelle (!) Bücher zu historischen Themen wie dem Nationalsozialismus sowie Bücher zu wichtigen gesellschaftlichen Problemen unserer Zeit gelesen werden.

VIELFALT IN BÜCHERN:

Das bedeutet, dass zum Beispiel auch *PoC* vorkommen oder Menschen mit Behinderung und dass Klischees vermieden werden. Beispiele dafür sind: dass auch ein sportlicher Typ eine Brille tragen kann, dass Mädchen die Anführerinnen sind oder sich mit künstlicher Intelligenz auskennen und dass auch Jungs Gefühle zeigen und weinen dürfen. Da mir dieses Thema sehr wichtig ist, habe ich mich besonders gefreut, als ich gefragt wurde, ob ich in der Jury des KIMI-Siegels und des Vielfalter-Preises mitmachen

wollte. Beide werden an Bücher vergeben, die zeigen, wie bunt und vielfältig
unsere Gesellschaft ist.

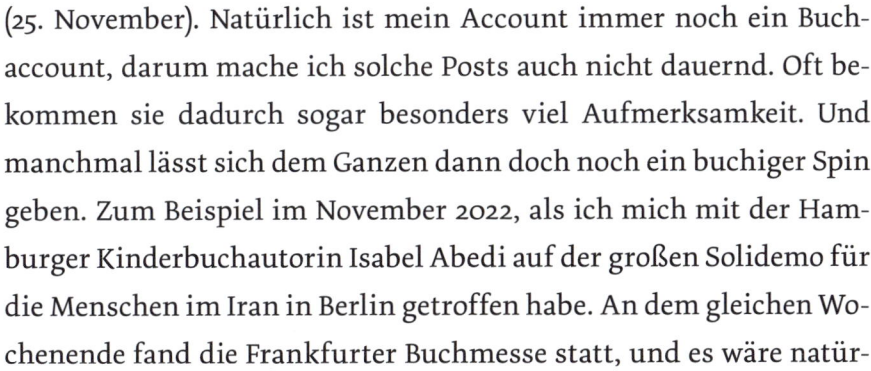

THEMEN, DIE MIR WICHTIG SIND, OHNE EIN BUCH ZU ZEIGEN:

Beispiele hierfür sind meine Beiträge zur
Revolution im Iran 2022 oder zum Inter-
nationalen Tag gegen Gewalt an Frauen
(25. November). Natürlich ist mein Account immer noch ein Buchaccount, darum mache ich solche Posts auch nicht dauernd. Oft bekommen sie dadurch sogar besonders viel Aufmerksamkeit. Und
manchmal lässt sich dem Ganzen dann doch noch ein buchiger Spin
geben. Zum Beispiel im November 2022, als ich mich mit der Hamburger Kinderbuchautorin Isabel Abedi auf der großen Solidemo für
die Menschen im Iran in Berlin getroffen habe. An dem gleichen Wochenende fand die Frankfurter Buchmesse statt, und es wäre natürlich logischer gewesen, uns dort zu
treffen. Wir waren aber beide nicht
auf der FBM, sondern auf der Demo
in Berlin. Damit bin ich dann auch
in den Text eingestiegen. Er stand
unter einem schönen Foto, das
meine Ma von uns gemacht hatte.
Der Post bekam fast 1.000 Likes!

Isabel Abedi

BE A voice – IN DEN Stories!

Die Posts, die ich oben beschrieben habe, fanden alle in meinem Feed bei @lesehexemimi statt und manche auch auf meinem Blog. Noch viel mehr nutze ich aber die Story-Funktion für gesellschaftspolitische Themen. Dort reposte ich Beiträge von anderen oder mache auf Themen aufmerksam, die mir wichtig sind.

Manchmal entwickeln sich daraus auch richtige Aktionen: Im November 2022, als alle über die Fußballweltmeisterschaft in Katar diskutierten und darüber, ob man sie boykottieren sollte, wegen der dortigen Menschenrechtsverletzungen und Repressalien gegenüber queeren Menschen (ihnen droht dort Gefängnis oder Schlimmeres), machte die Autorin Kathrin Schrocke einen Post. Sie griff die Diskussion auf und berichtete daran anknüpfend, was sie selbst schon alles an Queerfeindlichkeit an Schulen in Deutschland und Österreich erlebt hat, als sie dort aus ihrem Buch »Bunte Fische überall« las, in dem es um eine Regenbogenfamilie geht. Kathrin schrieb darüber, dass bei fast jeder Lesung queerfeindliche Sprüche von einigen Schüler*innen kommen würden. Die Message fand ich richtig gut, denn die Autorin machte damit klar, dass auch hier bei uns nicht alles so toll und easy ist, wie viele das gerne glauben möchten.

Ich repostete Kathrins Beitrag in meiner Story und fragte meine Follower*innen, was sie selbst in Bezug auf dieses Thema schon erlebt haben. Das war ein spontaner Einfall, aber es antworteten richtig viele – Jugendliche, aber auch Lehrkräfte – und berichteten von eigenen

Erfahrungen an ihren Schulen. Die Antworten habe ich dann bei mir in der Story gezeigt. Einige Tage später nahm ich die Umfrage noch mal zum Anlass für einen Post im Feed. Darin schrieb ich, dass es aus meiner Sicht gut wäre, wenn schon viel jüngere Kinder über Bücher mit dem Thema Queerness in Kontakt kämen, denn ablehnende oder auch feindliche Gefühle entstehen ja meist, wenn man etwas nicht kennt. Dazu stellte ich dann drei passende neue Bücher vor.

YOUNG **Book**STAGRAM

Auf den Seiten 104 bis 107 habe ich schon von Young Bookstagram erzählt. Wir sind ein Netzwerk von Kindern und Jugendlichen, die gerne Bücher lesen und darüber bei Bookstagram posten. Neben dem Community-Aspekt gibt es aber auch ein Thema, gegen das wir uns aktiv einsetzen: *Gendermarketing* im Buchhandel. Gemeinsam haben wir schon erreicht, dass es in den Filialen der Buchhandelskette Thalia keine Gendertische mehr

gibt, also Tische, auf denen die Buchhändler*innen random irgendwelche Bücher platzieren, von denen sie meinen, diese seien besonders interessant für Mädchen oder aber für Jungen. Solche Tische oder Regale – leider gibt es sie in manchen Buchläden oder Bibliotheken noch immer – sind oft sogar mit Sprüchen überschrieben wie »Für coole Jungs« oder »Für freche Mädchen«.

Wir sind gegen solche Tische, weil wir finden, dass ALLE ALLES lesen dürfen sollen, denn auch Jungs mögen Pferde oder träumen von Liebe, und auch Mädchen spielen Fußball oder tauchen gerne in abenteuerliche Geschichten ein. Wir hatten Anfang 2020 einen offenen Brief an Thalia geschrieben, in dem wir das Unternehmen aufforderten, künftig auf solche Tische zu verzichten und die Bücher nach Themen zu sortieren. So war das nämlich früher auch, bevor das Gendermarketing in vielen Bereichen aufkam – als unsere Eltern Kinder waren, hat niemand Pippi Langstrumpf auf einen »Mädchentisch« gelegt und »Die drei ???« auf einen für Jungs.

Den Thalia-Brief veröffentlichten wir dann auch auf unserem Instagramkanal *@young_bookstagram*. Die Reaktion war überwältigend! Wir bekamen über 3.000 Likes und mehr als 700 Kommentare! Viele erwachsene Blogger*innen und Autor*innen, deren Bücher auf solchen Gendertischen gelandet waren, unterstützten uns. Einige Medien griffen das Thema auf und berichteten über uns. Es kam zum Beispiel extra ein Fernsehteam vom NDR Kulturmagazin aus Hamburg, um mich zu interviewen. Dafür drehten wir bei mir zu Hause und in zwei Buchläden.

Unser Engagement führte dann dazu, dass Thalia am 7. Februar (rund drei Wochen, nachdem wir den Brief veröffentlicht hatten) in einem Interview mit »Börsenblatt Online« bekanntgab, dass sie künftig auf solche Tische verzichten wollen![15]

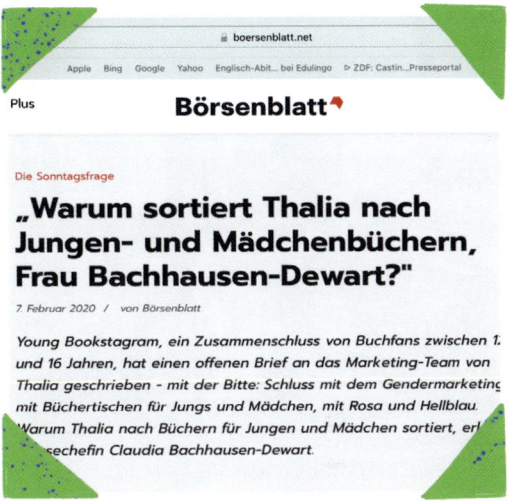

Darauf sind wir von Young Bookstagram echt stolz. Unser Erfolg hat gezeigt, dass man auch als Jugendliche*r etwas erreichen kann, wenn man sich traut, den Mund aufzumachen. Das Interview mit der Thalia-Pressesprecherin Claudia Bachhausen-Dewart war auf der Seite des Börsenblattes übrigens die am meisten angeschaute Sonntagsfrage des Jahres 2020 – und das trotz des Coronathemas, das in dem Jahr ja überall im Vordergrund stand. [16]

Und im März 2020 durfte ich gemeinsam mit Annika, die damals auch bei YB aktiv war, zu Gast im Studio vom »Timster« sein, dem Medienmagazin von KiKA. Dort sprachen wir mit dem Moderator Tim Gailus über Gendermarketing im Buchhandel und was wir daran blöd finden. Die Redaktion hatte sogar einen »Gendertisch« aufgebaut, um das Thema zu veranschaulichen.

---

15) https://www.boersenblatt.net/archiv/1805972.html
16) https://www.boersenblatt.net/news/sonntagsfragen/die-besten-sonntagsfragen-auf-boersenblatt-online-159995

Durch das Engagement bei Young Bookstagram kam ich auch mit den Leuten in Kontakt, die den Goldenen Zaunpfahl vergeben – das ist ein Negativpreis für Gendermarketing und sexistische Werbung –, und arbeitete zwei Jahre lang in deren Jury mit.

WELCHE *Rolle* SOCIAL MEDIA FÜR DIE ENTWICKLUNG MEINES POLITISCHEN *Bewusstseins* SPIELTE

Habe ich mich verändert? Hat Bookstagram mich verändert? Ja, ich habe mich in den letzten Jahren auf jeden Fall verändert. Einmal in meinem Leseverhalten: Ich lese immer noch gerne ab und zu eine Liebegeschichte – aber

Bücher mit unangenehmen, fiesen oder toxischen Typen, die von ihren Freundinnen trotzdem vergöttert werden, mag ich nicht mehr. Ich lese heute vielfältigere Bücher, und zum Glück gibt es auch immer mehr Diversität in Kinder- und Jugendbüchern, also zum Beispiel queere Protagonist*innen, Menschen mit Behinderungen oder Charaktere of Color.

Harry Potter – eine Reihe, die ich früher echt geliebt und gefeiert habe – ist bei mir inzwischen komplett aus dem Regal verschwunden, und ich zeige auf meinen Kanälen auch nichts mehr davon. Seitdem J. K. Rowling anfing, menschenfeindliche Tweets gegen Personen zu posten, die *trans** sind, habe ich keine Lust mehr

auf die HP-Welt. Hinzu kommt, dass die Bücher aus heutiger Sicht echt viel Fat-Shaming enthalten und außerdem Rassismus gegenüber Asiat*innen. Manche Leute sehen auch Antisemitismus darin.[17] Es gibt Menschen, die sagen, sie könnten die Autorin und ihr Werk trennen, aber mir persönlich fällt das schwer. Früher hatte ich auch mal Gryffindor als »mein Haus« in meiner *Bio* bei Instagram stehen.

---

17) *Mehr Informationen dazu findest du zum Beispiel bei Yvonne, die auf ihrem Instagram Account @bookish. yvonne einiges dazu zusammengetragen hat.*

Das habe ich inzwischen entfernt – auch aus Respekt vor Leuten, die trans* sind und bei Bookstagram immer wieder mit Werbung oder eben durch so kleine Hinweise in der Bio auf Harry Potter und damit auch auf die Autorin gestoßen und verletzt werden. Stattdessen habe ich aus Solidarität meine *Pronomen* in meine Bio eingefügt.

Mein beginnendes Engagement zu gesellschaftspolitischen Fragen hatte verschiedene Gründe. Einer davon war aber ganz sicher der Algorithmus von Instagram.

Wenn du dich jetzt oder an anderer Stelle im Buch gefragt hast: Hä, Algo ... was? Hier eine kurze Erklärung:

 Algorithmen sind Zeilen von Codes in einer Software, die Maschinen dazu bringen, vorgegebene Aufgaben auszuführen. (Oder: eine in einer Programmiersprache für einen Computer verfasste Anweisung, eine bestimmte Aufgabe auszuführen.) Wenn du zum Beispiel mehrere Posts zum Thema Feminismus angesehen hast (und vielleicht auch gelikt), dann registriert das der Algorithmus und wird dir künftig weitere und immer mehr Posts zum Thema Feminismus zeigen. Das Gleiche gilt natürlich auch für andere Themen, egal ob Umweltschutz oder Skincare, Depressionen oder gesunde Ernährung, Self-love, Handlettering oder Skateboarden. Letztlich registriert Instagram (und auch TikTok, Facebook oder andere soziale Medien) deine persönlichen Vorlieben und versucht, diesen

gerecht zu werden. Das ist einerseits gut, denn so kannst du in kurzer Zeit sehr viel Wissen zu einem Thema anhäufen und Kontakte zu Leuten knüpfen, die sich auch dafür interessieren. Andererseits werden dir Posts zu anderen wichtigen oder interessanten Themen plötzlich nicht mehr angezeigt, was natürlich schade ist. Außerdem kann man so auch in eine bestimmte Bubble gelangen, sich radikalisieren und sich von der Mitte der Gesellschaft entfernen. Im Falle von Rechtsextremen und Impfgegner*innen ist darüber schon viel geschrieben worden, meistens ging es da allerdings um Telegram-Kanäle und Facebook, weniger um Instagram und TikTok. Letztlich dient der Algorithmus dazu, dich so lange wie möglich auf der App zu halten, und fördert damit suchthaftes Verhalten.

Mir hat der Algorithmus mit der Zeit immer mehr Posts zu gesellschaftspolitischen Themen angezeigt, die mir geholfen haben, mich zu informieren, und mein Bewusstsein für diese Themen ein Stück weit mitgeprägt haben. Im Herbst 2022 ist mir auch noch mal so richtig bewusst geworden, welche wichtige Rolle Social Media spielen kann: Während der Proteste im Iran, die mehr und mehr zu einer Revolution wurden, gab es in den Medien dazu kaum Berichterstattung. Auf Instagram wurde dazu aber sehr viel von einigen deutschsprachigen Journalistinnen mit iranischem Hintergrund und Verbindungen in den Iran gepostet. Sie teilten Fotos, Videos und Informationen darüber, was vor Ort passierte, und so gingen dann auch die

Menschen hier bei uns und in anderen europäischen Ländern zu Solidaritätsdemos und unterschrieben Petitionen, in denen sie die eigenen Regierungen dazu aufforderten, aktiv zu werden. Auch innerhalb des Irans spiel(t)en die sozialen Medien eine große Rolle, weil die Leute darüber erfuhren, wie die Menschen im Westen leben, und diese Freiheiten auch für sich wollten. Sie organisierten einen Teil ihrer Proteste auch darüber, und manche fühlten sich durch die Posts anderer ermutigt, sich zu beteiligen. Das Regime reagierte darauf, indem es versuchte, das Internet auf dem iranischen Gebiet herunterzufahren oder abzuschalten.

ZUM Abschluss: DIE EIGENE REICHWEITE FÜR GESELLSCHAFTSpolitische THEMEN NUTZEN, JA oder NEIN?

MUSS ICH? NEIN! Ich finde, keine*r muss das machen, es ist eine ganz und gar persönliche Entscheidung.

KANN ICH? JA! Denn man setzt sich für etwas Gutes ein und bringt die Welt voran. Als Buchblogger*in erreichst du vielleicht Leute, die sich sonst nicht für diese Themen interessieren. Im besten Fall beginnen auch sie, sich damit auseinanderzusetzen und dazu zu posten. Dass das funktioniert, habe ich selbst schon einige Male erlebt und freue mich mega, dass manche meine Posts zum Vorbild genommen haben und nun ebenfalls Posts gegen Rassismus, für Feminismus oder für die Freiheit der Menschen im Iran machen. Und falls du Angst hast, dadurch Abos zu verlieren: Meine Erfahrung ist, dass man dadurch eher noch zusätzliche Follower*innen gewinnt.

SOLLTE ICH? ICH FINDE: JA! Denn durch die sozialen Medien haben wir Jugendlichen die Chance, auf Themen aufmerksam zu machen, die uns wichtig sind, und unsere Stimme zu erheben. Außerdem sind wir zahlenmäßig im Vergleich zu den Älteren verdammt wenige. Darum ist es wichtig, dass wir für unsere Träume, Ideen, Forderungen und Wünsche einstehen, schließlich geht es um unsere Zukunft! Man kann viele Menschen damit erreichen und Dinge verändern, wie die YB-Aktion gegen Gendermarketing gezeigt hat. Du bist nie zu klein, um etwas zu bewirken! Gemeinsam können wir es schaffen, die Welt zu einem besseren, gerechteren und freundlicheren Ort zu machen.

UND – BIST *du* DABEI?

Ich hoffe, ich konnte dich für das Bloggen begeistern und dich ermutigen, selbst aktiv zu werden. Falls du das jetzt vorhast, wünsche ich dir viel Spaß und Erfolg. Sag Bescheid, wenn du dir einen eigenen Blog oder Bookstagram-Account eingerichtet hast. Dann gucke ich gerne mal vorbei! Und falls du etwas über dieses Buch postest, dann nutze gerne die Hashtags: #lassmalbloggen #lesehexemimi #miraimens #fenjamens #one_verlag

Vielleicht sehen wir uns bei Bookstagram oder auf einer der Buchmessen! Ich würde mich sehr freuen!

AktionsTIPP:
Schreib mir eine DM auf Instagram @lesehexemimi oder eine Mail an lesehexe@mail.de, ob dir meine Tipps geholfen haben 😊.

GLOSSAR

Ableistisch/Ableismus: diskriminierendes Verhalten gegenüber Menschen mit Behinderung

Account: Kanal, auf dem eine Person bei Instagram, TikTok, Facebook oder Twitter Beiträge postet. Wird manchmal auch → *Profil* genannt.

Akkreditieren/Akkreditierung (sich akkreditieren): Spezieller Prozess der Anmeldung, z. B. von Journalist*innen und Blogger*innen bei den Buchmessen. Das funktioniert über die jeweilige Webseite der Messe. Du musst Dokumente bzw. Links hochladen, die deine professionelle Funktion belegen und die vom Akkreditierungsteam geprüft werden. Bist du akkreditiert, erhältst du ein kostenloses Ticket.

Algorithmus: Eine in einer Programmiersprache für einen Computer verfasste Anweisung, eine bestimmte Aufgabe auszuführen. Algorithmen können zum Beispiel dazu führen, dass uns auf Social-Media-Plattformen immer mehr ähnliche Beiträge angezeigt werden.

All Age: Bücher, die sich an Jugendliche ab ca. 14 Jahren richten, darüber hinaus aber auch von Erwachsenen gelesen werden.

Banner: Englisch für »Fahne« oder »Spruchband«. Gestaltetes Bild, das beispielsweise zu Beginn einer → *Instatour* oder → *Blogtour* gepostet wird. Es enthält das Cover des Buches und die Namen der beteiligten Accounts (manchmal auch Fotos und konkrete Themen) sowie die Daten der Tour.

Bio: Kurz für »Biografie«. Wenn jemand auf Social-Media-Kanälen wie Instagram, Twitter oder TikTok deinen Accountnamen eingibt oder anklickt, dann sieht er*sie nicht nur deinen Feed, sondern auch die Bio, das sind die Zeilen oben neben dem Profilfoto. Hier kannst du Angaben zu deiner Person machen. Viele schreiben hier auch ihre → *Pronomen* hinein. Die Bio wird manchmal auch Profil genannt.

Blog: Seite im Netz, die mithilfe einer speziellen Software leichter befüllt und aktualisiert werden kann als klassische Webseiten. Auf Blogs bieten Menschen Informationen zu Themen, die ihnen wichtig sind. So gibt es Buchblogs, Reiseblogs, Foodblogs, Modeblogs und vieles mehr. Wenn Leute regelmäßig auf einem Social-Media-Kanal über inhaltliche Themen posten, spricht man von → Microblogging. Auch sie zählen als Blogger*innen.

Blogtour: siehe auch → Instatour

*Bookfluencer*in:* Begriff, der manchmal für Menschen verwendet wird, die auf Social Media über Bücher bloggen.

Bookgirlfriend/Bookboyfriend: attraktive und/oder cute Person in einem Buch, mit der*dem man als Leser*in gerne zusammen wäre

Book Trope: siehe auch → Trope

Bookie: liebevolle Selbstbezeichnung buchbegeisterter Menschen

Bookstagram: Der Teil von Instagram, in dem es um Bücher geht. Die Beiträge werden mit dem Hashtag #bookstagram und manchmal auch #bookstagramgermany markiert. Weitere wichtige Hashtags sind #instabook und #instabooks

BookTok: Bereich von TikTok, in dem es um Bücher und das Lesen geht

BookTube: Bereich von YouTube, in dem es um Bücher und das Lesen geht

Buchclub: Gruppe von Menschen, die sich treffen, um über Bücher zu sprechen. Gibt es für Kinder und Jugendliche an Schulen, in Buchläden und manchmal auch in Jugendzentren oder Bibliotheken. Buchläden stellen den Mitgliedern in der Regel → Leseexemplare zur Verfügung.

Buchmesse: Messe, auf der die Verlage ihre Neuerscheinungen präsentieren. Oft gibt es auch Lesungen und Signierstunden von Autor*innen. Die bekanntesten Buchmessen in Deutschland finden jährlich in Frankfurt und in Leipzig statt.

Buchrücken: Schmale Seite eines Buches, die zu sehen ist, wenn das Buch im Regal steht. Darauf stehen der Titel, der Name des*der Autor*in, ggf. Illustrator*in. Auch der Verlag wird hier genannt.

Buchschnitt: Die drei Seiten des Buchblocks, die nicht fest mit dem Einband verbunden ist. Manchmal farbig oder mit einem Muster versehen. Dann ist von → Farbschnitt die Rede.

Buddyread: wenn zwei → Bookies zeitgleich das gleiche Buch lesen und sich darüber austauschen

Caption: Text unter dem Bild eines Beitrags im → Feed bei Instagram

Chara: Abkürzung für Charakter = Person im Buch. Anderer Begriff für → Prota

Coming of Age: Bücher, in denen es um die Pubertät bzw. vor allem um das Ende der Pubertät geht. Am Ende des Buches hat der*die Protagonist*in eine Entwicklung durchgemacht und ist geistig gereift.

Contentwarnung / Content Note: → Triggerwarnung

CR: Kurzform für → Currently Reading

Credits geben: Z. B. wenn du eine Story repostest, die du bei einem anderen Account gesehen hast. Dann schreibt man »via @namedesaccounts« dazu oder »gesehen bei @namedesaccounts«.

Currently Reading (abgekürzt CR): Buch, das man aktuell liest.

Direct Message: Social Media ermöglicht es, von Account zu Account Nachrichten zu verschicken. Diese werden DM genannt, manchmal auch PM (»Personal Message«). Andere Personen können die Nachrichten nicht sehen.

eBook: Elektronische Form eines Buches, die auf einem → eReader, Handy oder Tablet gelesen werden kann

Einband: *Der Einband besteht aus den beiden Buchdeckeln sowie dem Buchrücken. Er dient dazu, die Seiten zusammenzuhalten, zu schützen und das Buch zu bewerben. Der vordere Buchdeckel enthält dafür den Titel, Name des*der Autor*in und ggf. Illustrator*in oder Herausgeber*in und ein Bild, der hintere Buchdeckel den Klappentext. Bei einem Buchdeckel aus fester Pappe spricht man von einem Hardcover. Bei Taschenbüchern und Klappenbroschuren (sehen aus wie Taschenbücher, sind aber größer und haben jeweils eine eingeklappte Seite vorne und hinten) ist der Buchdeckel hingegen aus biegsamer Pappe.*

eReader: *Geräte, die etwas kleiner sind als Tablets und auf denen man elektronische Bücher lesen kann. Bei manchen sieht der Bildschirm fast ein bisschen aus wie echtes Papier. Es gibt unterschiedliche Modelle von unterschiedlichen Firmen. Wenn du dir einen kaufst, achte darauf, dass er das Format ePub unterstützt, denn dann kannst du dir damit auch kostenlos Bücher aus Bibliotheken ausleihen.*

Fake Accounts: → *Ghostfollower*innen*

Farbschnitt: *Wenn der* → *Buchschnitt einfarbig oder mit bunten Motiven bedruckt ist, spricht man von einem Farbschnitt.*

Feed: *Der Feed sieht bei Instagram aus wie ein großes Mosaik und besteht aus einzelnen Fotos (manchmal auch Videos, bei Instagram Reels genannt), die nebeneinander angeordnet sind, immer drei pro Reihe. Poste ich ein neues Foto, rutscht das nächste einen Platz weiter bzw. in die untere Reihe.*

Folgen: *Wenn du den Account von jemandem abonnierst, dann folgst du ihm*ihr.*

Follow-Unfollow: *Unfaires Verhalten, bei dem Leute anderen folgen und dann ihren Follow wieder unbemerkt entfernen, sobald die andere Person zurückgefolgt hat. Wird auch oft bei Gewinnspielen gemacht, wenn diese das Folgen zur Bedingung haben. Ist das Gewinnspiel zu Ende, wird entfolgt. Don't do it!*

Follower*in: *Die Menschen, die deinen Account abonniert haben, sind deine Follower*innen.*

Fotocredit: *Name des*der Fotograf*in*

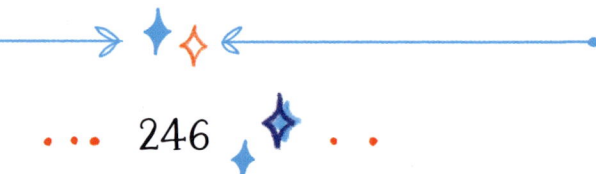

Gendern: Gebrauch geschlechtergerechter Formulierungen. Dafür gibt es verschiedene Möglichkeiten: Nicht nur im generischen Maskulinum sprechen und schreiben, wenn auch andere Geschlechter beteiligt sind. Also nicht »Liebe Schüler«, sondern »Liebe Schülerinnen und Schüler« oder »Liebe Schüler*innen« (in dem Fall sind dann auch Menschen mit angesprochen, die sich keinem oder mehreren Geschlechtern zuordnen, für sie steht der Stern). Andere Optionen sind z. B. der Doppelpunkt (Schüler:innen) oder die Verwendung geschlechtsneutraler Worte (Studierende, Fahrradfahrende).

genderfluid: Menschen, die sich abwechselnd verschiedenen Geschlechtsidentitäten wie zum Beispiel männlich/weiblich/ → nicht-binär zuordnen, sind genderfluid.

Gendermarketing: In den 90er-Jahren fingen Unternehmen verstärkt damit an, Produkte in zweifacher Ausführung auf den Markt zu bringen: für Jungs oder Männer und für Mädchen oder Frauen. Diese wurden (und werden) auch entsprechend beworben, meistens mit den Farben Blau und Rosa. Ein Beispiel sind Überraschungseier »für Mädchen«. Im Buchhandel gibt es leider auch Gendermarketing. Dann enthalten die Klappentexte oder Werbetexte den Hinweis »für Jungs« oder »für Mädchen«, manchmal auch umschrieben (»für Pferdefreundinnen«).

*Ghostfollower*innen:* Accounts von Personen, die dir folgen, ohne jemals deine Posts anzugucken, oder die nicht mehr aktiv sind. Oder Accounts, die nicht von Menschen, sondern von Bots (Computerprogramme, die eigenständig und automatisiert agieren) betrieben werden. Letztere werden auch Fake Accounts genannt.

GIF: Sich bewegendes Bild, das eine bestimmte Stimmung vermitteln soll. Oft lustig. Werden bei Instagram viel in den Stories eingesetzt.

Graphic Novel: In einer Graphic Novel wird eine Geschichte in gezeichneten Bildern erzählt.

Hashtag: Hashtags sind wie Stichworte, die Hinweise darauf geben, worum es in dem Beitrag geht. Sie werden eingeleitet mit dem Rautezeichen (z. B. #bookstagram). Sucht man nach bestimmten Hashtags, bekommt man alle Beiträge angezeigt, die diesen enthalten.

Imprint: Ein Imprint tritt wie ein eigenständiger Verlag mit eigenem Layout und eigenem Logo auf, gehört aber zu einem größeren Verlag. ONE ist das Young-Adult-Imprint von Bastei Lübbe.

Influencer*in: Person, die auf Social Media zu bestimmten Themen postet, Produkte präsentiert und damit in der Regel auch Geld verdient.

Instatour (manchmal auch Buchtour oder Blogtour): Verschiedene Aspekte eines Buches werden von einer kleinen Gruppe von Bookstagramer*innen an mehreren aufeinanderfolgenden Tagen präsentiert. Dabei verweisen sie auch aufeinander. Die Tour wird durch ein → Banner angekündigt. Bei Young Bookstagram führen wir öfter Instatouren durch. Eine Blogtour funktioniert genauso, allerdings werden die Beiträge dann nicht auf Instagram-Accounts sondern auf Buchblogs gepostet.

Jugendbuch: Bücher ab ca. 12 Jahren. Bücher, die sich an etwas ältere Jugendliche ab ca. 14 Jahren richten, werden → Young Adult (abgekürzt YA) genannt.

Kontingent: Bestimmte Anzahl von Büchern, die Verlage kostenlos an Blogger*innen, Journalist*innen, Bookstagramer*innen, BookTuber*innen etc. abgeben können.

Kinderbuch: Bücher, die sich an Leser*innen bis ca. 12 Jahren richten

Lektor*in: Person, die Manuskripte für einen Verlag prüft, für das Programm auswählt und einkauft, redigiert (inhaltlich und textlich bearbeitet) und den gesamten Prozess bis zur Veröffentlichung steuert. Dazu gehören – vor allem im Kinderbuchbereich – auch die umfassende Betreuung der Illustration eines Buchs. Lektor*innen sind entweder fest bei einem Verlag angestellt oder arbeiten freiberuflich.

Leseexemplar: Buchläden erhalten vor dem Erscheinungstermin einzelne Vorabexemplare von Büchern. Werden manchmal an Kinder und Jugendliche verliehen.

Leserillen: Lässt man ein Taschenbuch aufgeschlagen und mit den Seiten nach unten liegen, können auf dem → Buchrücken unschöne Rillen entstehen, die leider bleiben.

Leserunde: Eine Gruppe von Blogger*innen/Bookstagramer*innen liest zeitgleich ein Buch und tauscht sich dazu aus. Wird oft von einer Person moderiert, manchmal auch von der*dem Autor*in selbst, was natürlich besonders cool ist.

Lesung: Ein*e Autor*in liest aus seinem*ihrem Buch, erzählt zwischendrin etwas über die Handlung, den Schreibprozess oder die Protagonist*innen. Oft hat das Publikum die Möglichkeit, Fragen zu stellen. In der Regel → signiert der*die Autor*in die Bücher im Anschluss.

Like: Durch Anklicken eines Symbols (Daumen bei Facebook, Herz bei Instagram und TikTok) oder Doppelklick auf das Foto/Reel zeigt man, dass man den Beitrag gut findet. Die Person, die den Beitrag gepostet hat, kann den Like sehen und alle anderen auch (wenn die Person das nicht anders eingestellt hat).

*Literaturagent*in:* Menschen, die Manuskripte an Verlage vermitteln. Ist ein Manuskript angenommen, setzen sie den Vertrag auf und verhandeln ihn. Auch wenn das Buch erschienen ist, vertreten sie die Rechte des*der Autor*in. Dafür sind sie am Honorar beteiligt. Manchen Autor*innen gelingt es, selbst ein Manuskript an einen Verlag zu verkaufen. Die meisten Autor*innen kommen jedoch durch die Dienste einer → Literaturagentur an ihren Verlag. Für die Verlage sind Literaturagent*innen wichtige Kontakte, denn sie sichten viele Manuskripte und suchen heraus, welche sie für gut und interessant halten.

Literaturagentur: Literaturagenturen gibt es in verschiedener Größe. Manche sind nur ein One-(Wo)man-Betrieb, andere beschäftigen viele → Literaturagent*innen.

Literaturfestival: Anders als bei einer Messe stehen bei einem Literaturfestival Lesungen von Autor*innen und Gespräche über Bücher (oft auf einer Bühne und vor Publikum) im Vordergrund. Verlage sind meist nur mit kleinen Ständen anwesend (wenn überhaupt).

Livetalk: Format bei Instagram, bei dem man mit einer anderen Person (zum Beispiel einer*einem Autor*in) zeitgleich »live« geht und sich unterhält. Andere können dabei zusehen und im Chat Fragen stellen oder kommentieren.

Markieren: → taggen

Microblogging/Mikrobloggen: anderes Wort für Posten auf → Social Media

New Adult / NA: Englisch für »Neue Erwachsene«. Die Protagonist*innen in NA-Büchern sind junge Erwachsene ab ca. 20 Jahren. Sie studieren an einer Uni (in US-Büchern am College) oder haben ihren ersten Job. Sie gehen feiern, trinken manchmal Alkohol, haben Beziehungen und Sex, der gelegentlich auch detailliert beschrieben wird. Oft geht es in diesen Büchern darum, sich selbst auszuprobieren und den eigenen Platz im Leben zu finden. Manchmal drehen sich die Bücher um kritische Themen (z. B. toxische Beziehungen). Auch darum werden NA-Bücher in der Regel erst ab 16 Jahren empfohlen. Manche NA-Bücher (aber leider nicht alle) enthalten ⇢ Trigger- oder Contentwarnungen.

nicht-binär / non-binary: Menschen, die sich keinem Geschlecht zuordnen oder sowohl dem männlichen als auch dem weiblichen

PoC: Abkürzung für »People of Color«. Selbstbezeichnung von Menschen, die aufgrund ihrer Hautfarbe oder ethnischen Zugehörigkeit Rassismus erfahren

Podcast: Eine Sendung zum Anhören, in der eine Person etwas zu einem bestimmten Thema erzählt. Podcasts erscheinen oft regelmäßig. Man kann sie z. B. bei Spotify anhören.

POV: Abkürzung für »Point of View«. Wird oft vorangestellt, wenn eine Person sich zu einem bestimmten Thema äußert oder auch bei lustigen Videos/Szenarien.

Print: gedrucktes Buch

Profil: anderes Wort für ⇢ Bio; wird aber auch als Synonym für ⇢ Account benutzt

Pronomen: zeigen an, welchem Geschlecht sich eine Person zuordnet und wie sich die Person wünscht, wie über sie gesprochen wird: sie/ihr (she/her), er/ihm (he/him), dey/demm (they/them) oder Mischformen (z.B. she/they).

Prota: Abkürzung für Protagonist*in = fiktive Person in einem Buch oder Film

Pseudonym: Ausgedachter Name. Manchmal schreiben Autor*innen Bücher in ganz unterschiedlichen Literaturgattungen (zum Beispiel Kinderbücher und Thriller für Erwachsene). Oft nutzen sie dann unterschiedliche Namen.

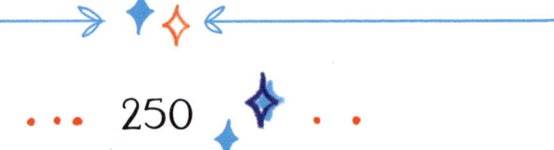

Queer: Sammelbegriff für Menschen, die nicht heterosexuell sind und/oder sich nicht (nur) mit dem ihnen bei der Geburt zugewiesenen Geschlecht identifizieren.

Reel: Videoformat bei Instagram

Rezension: anderes Wort für Buchvorstellung, Buchkritik

Rezensionsexemplar: Verlage haben ein bestimmtes ➝ Kontigent von Büchern, die sie an Blogger*innen und Journalist*innen vergeben.

*Selfpublishing/Selfpublisher*in:* Menschen, die Bücher nicht bei einem Verlag veröffentlichen, sondern auf eigene Kosten

Shelfie: Mischwort aus »Shelf« (Regal) und »Selfie«. Manche Leute posten bei Bookstagram gerne ein Foto ihres Bücherregals oder eines Teils davon, ein »Shelfie«. Besonders beliebt ist das sonntags, dazu wird dann auch der Hashtag #shelfiesunday genutzt.

Shippen: Abgeleitet von »Relationship« (Beziehung). Wenn man sich wünscht, dass zwei Charaktere zusammenkommen, oder auch einfach findet, dass sie gut zusammenpassen, dann shippt man sie.

Shoutout: einen anderen Account in der eigenen Story vorstellen

Signieren / signiertes Buch: Ein*e Autor*in unterschreibt in deinem Buch mit ihrem Namen und/oder schreibt auch noch ein paar persönliche Worte hinein.

Social Media / soziale Medien: Online-Plattformen, auf denen man öffentlich oder privat Beiträge in Form von Fotos, Videos und Texten teilen kann, wie zum Beispiel Instagram, TikTok, Twitter, Facebook, Snapchat, YouTube.

Story: Format bei Instagram, in dem Bilder oder Videos nach 24 Stunden wieder verschwinden

SuB: Abkürzung für »Stapel ungelesener Bücher«. Viele Bookies lieben es, die Größe ihrer SuBs zu vergleichen (»Wie viele Bücher hast du auf deinem SuB?«).

Taggen: eine andere Person in der → *Caption, in Kommentaren, Stories oder auf einem Foto* → *markieren (@namedesaccounts)*

Testlesen: Manche Autor*innen lassen ihr Manuskript vorab von ausgewählten Personen lesen, um zu erfahren, ob die Geschichte funktioniert und was sie verbessern können.

trans:* Kommt aus dem Lateinischen und bedeutet »hinüber«. Es steht für alle Menschen, deren Geschlecht nicht oder nur teilweise dem entspricht, was bei ihrer Geburt in ihrer Geburtsurkunde vermerkt wurde. Trans* Mädchen sind Mädchen, die von ihrer Umgebung für Jungen gehalten werden oder früher für Jungen gehalten wurden, bei trans* Jungen ist es andersherum. Trans* hat nichts zu tun mit Kleidung, Frisuren oder der Art und Weise, wie eine Person sich verhält oder spricht, sondern mit der eigenen Geschlechtsidentität. Zum trans* Spektrum gehören auch unter anderem Menschen, die → nicht-binär sind.

Trenner: Bilder, unter denen keine → *Caption steht und die dazu dienen, im Feed etwas voneinander abzugrenzen. Ich poste zum Beispiel immer drei Bilder als Trenner, wenn ein neues Jahr beginnt.

Triggerwarnung (manchmal auch Contentwarnung oder Contentnote): Warnung in einem Buch oder manchmal auch zu Beginn eines Posts, wenn der Inhalt Sätze oder Themen enthält, die bei Menschen, die schlechte Erfahrungen damit gemacht haben, negative Gefühle auslösen können. Das kann zum Beispiel sein: Mobbing, sexueller Missbrauch, häusliche Gewalt, Trennung der Eltern, Essstörungen.

Trolls: Menschen, die Hass oder Lügen/Unwahrheiten im Netz verbreiten

Trope: Ein Begriff aus der US-amerikanischen Popkultur. Tropes gibt es in Filmen, Serien, Spielen und natürlich auch in Büchern. Unter Trope versteht man ein Erzählmuster oder Motiv, das immer wieder vorkommt. Ein Beispiel aus der Buchwelt ist das Enemies-to-Lovers Trope: Das heißt, es gibt in der Geschichte zwei Protagonist*innen, die sich zunächst überhaupt nicht leiden können oder sogar bekämpfen, sich aber im Laufe der Geschichte ineinander verlieben. Andere bekannte/beliebte Tropes in Büchern sind zum Beispiel: Lovers-to-Enemies, Enemies-to-Friends, I-hate-everyone-but-you, Right-person-wrong-time, Love Triangle, Secret Identity.

Unpacking: ein Buchpaket vor der Kamera auspacken und Fotos oder ein Video davon posten

Viral gehen: Wenn ein Video oder Foto im Netz von vielen Menschen geteilt wird und sich (unabhängig von dem*der Urheber*in) wie ein Virus immer weiter und schneller verbreitet, dann ist es »viral gegangen«.

Young Adult / YA: Englisch für »Junge Erwachsene«. Bezeichnet eine Zielgruppe ab ca. 14 Jahren. YA-Bücher umfassen dabei diverse Genres wie zum Beispiel Romance, Fantasy oder Krimis. Die Protagonist*innen sind zumeist jünger als 20 Jahre und – in den realistischen Büchern – in der Regel noch in der Schule oder in der Zeit zwischen Schule und Uni. Wichtige Themen sind Freundschaft, Familie, Pubertät, Fragen der Identität und erste Liebe.

Young Bookstagram: Community von Bookstagramer*innen unter 18 Jahren

Unser erster Dank gebührt der Person, die die Idee zu diesem Buch hatte, uns ermutigte, es zu versuchen, uns beim Verfassen des Exposés zur Seite stand, es an ONE verkaufte und auch während des weiteren Prozesses bis hin zum fertigen Buch immer ein offenes Ohr für uns hatte – nämlich unserer Agentin ANNETTE Wolf von der Literaturagentur Kossack. Liebe Annette: vielen, vielen Dank für deine großartige Unterstützung! Wir freuen uns so, dass es dich gibt! 💗

Ein großes DANKE gilt natürlich unseren beiden Herzensmenschen, die wir wegen dieses Buchprojektes in den letzten Monaten leider viel zu oft vernachlässigt haben – Rüdiger und JUNA. We love you 💛

Ein weiteres Dankeschön geht raus an das TEAM VON ONE, vor allem an unsere Lektorin KATHARINA *Runden*, die Programmleiterin *Linde* MÜLLER-SIEPEN und den Verlagsleiter MATHIAS *Siebel*. Wie toll, dass ihr euch von unserer Begeisterung habt anstecken lassen und dieses Buch möglich gemacht habt.

Danken möchten wir auch *Laura* ROSENDORFER für die schöne Gestaltung unseres Buches und vor allem für die coolen Illus.

Ein großes Merci möchten wir an TANIA *Witte* senden, die uns bei einer wichtigen Entscheidung beraten und uns immer wieder motiviert hat. Danke, du Liebe!

Zum Schluss möchte ich (Mirai) noch meiner *Community* bei Bookstagram danken sowie allen, die meinem Blog *Lass mal lesen!* folgen. Eure lieben Nachrichten, Likes und der superschöne Austausch mit euch motivieren mich jeden Tag aufs Neue! Und ich (Fenja) möchte der *Agentur* SCHOLZ & FRIENDS BERLIN, danken, die mir mit Sonderurlaub ermöglicht hat, an diesem Buch zu arbeiten.

MIRAI *Mens* (geb. 2006 in Berlin) schrieb mit sieben Jahren erste Rezensionen für einen Verlag und zwei Buchläden. Mit elfeinhalb gründete sie ihren Buchblog Lass mal lesen! sowie ihren Instagram Account *@lesehexemimi*, auf dem sie auch über gesellschaftspolitische Themen bloggt. Mirai ist Mitbegründerin von Young Bookstagram und erhielt 2019 den Deutschen Lesepreis der Stiftung Lesen. Zahlreiche Medien haben bereits über sie berichtet.

FENJA *Mens* schrieb bereits mit 16 Jahren regelmäßig für die Lokalredaktion einer Hamburger Tageszeitung. Nach dem Abitur studierte sie in Hamburg und London und besuchte die Journalistenschule von Gruner & Jahr. Danach war sie viele Jahre für verschiedene überregionale Medien tätig. Heute arbeitet Fenja als Senior Redakteurin bei einer großen Kommunikationsagentur in Berlin.

LAURA *Rosendorfer* lebt mit ihrem Mann und den beiden Töchtern in einem kleinen blauen Haus bei München. Nach einem Abstecher in die Amerikanische Literaturgeschichte studierte sie Kommunikationsdesign. Seit 2015 ist sie freie Illustratorin für verschiedene Unternehmen/Verlage. Wenn der Trubel zu groß wird, flüchtet sie nach draußen zu den Blumenbeeten. Da sitzt sie dann am liebsten mittendrin und zeichnet. Auf Instagram findet ihr sie als *@laeura*.